BERNHARD PÖTTER

Gebrauchsanweisung für Weihnachten

Bernhard Pötter war bis 2005 Redakteur bei der taz und schreibt u. a. für ZEIT, GEO, taz, Die Wochenzeitung und Standard.

BERNHARD PÖTTER

Gebrauchsanweisung für Weihnachten

Die etwas anderen Geschichten zum Fest

Zeichnungen von Andrea Schraml

HERDER

FREIBURG · BASEL · WIEN

HERDER spektrum – Band 7179

Für Angela, Josua, Tessa, Samuel
und all die anderen Engel.

MIX
Papier aus verantwor-
tungsvollen Quellen
FSC® C106847

Neuausgabe 2014

© Verlag Herder GmbH, Freiburg im Breisgau 2004
www.herder.de

Umschlaggestaltung: Designbüro Gestaltungssaal
Umschlagmotiv: © Designbüro Gestaltungssaal

Satz: Layoutsatz Kendlinger
Herstellung: fgb · freiburger graphische betriebe
www.fgb.de

Printed in Germany
ISBN 978-3-451-07179-9

Inhalt

Gebrauchsanweisung

Wir beglückwünschen Sie zu Ihrer Wahl! Mit „Weihnachten ©" haben Sie sich für ein Spitzenerzeugnis der internationalen Religionsgeschichte entschieden. Seit Jahrhunderten erfreuen sich Menschen auf der ganzen Welt an den Wirkungen von „Weihnachten ©". Im Bestreben, unsere Produkte für Sie immer mehr zu verbessern, legen wir auch in diesem Jahr eine aktuelle und verbesserte Version des zweitausendjährigen Klassikers vor. Bitte beachten Sie unsere Hinweise zum sachgemäßen Umgang mit „Weihnachten ©", damit Sie und Ihre Familie möglichst lange daran Freude haben.

„Weihnachten ©":
Inhaltsstoffe: Tradition (jüdisch/christlich),
christliche Botschaft (Spurenelemente: Heiden-
tum; Aberglauben), Rührseligkeit (Rotz und
Wasser), naturidentisches Harmoniebedürfnis,
Aromastoffe (Weihrauch, Myrrhe), Kommerz-
denken. Konservierungsstoff: echte Friedens-
sehnsucht. Keine genmanipulierten Zutaten.

Zu Risiken und Nebenwirkungen fragen Sie
Ihren Lebenspartner oder Ihren Therapeuten.
Hinweise zur Anwendung:

Achtung bei der Annäherung:
Fahren Sie vorsichtig an das Ende des adventli-
chen Gefühlsstaus heran. Bewahren Sie ein aus-
geglichenes Verhältnis von Motion und Emo-
tion. Kommen Sie bei der Vorbereitung nicht
ins Schleudern. Gerade zu den Feiertagen wird
der zwischenmenschliche Verkehr oft zähflie-
ßend und stockend. Familiäre Auffahrunfälle
verursachen jedes Jahr Kratzer im Lack, heftige
Schleudertraumata und auch familiäre Total-
schäden.

Schenken muss sein!

Lassen Sie sich nicht einreden, dass Sie und Ihre Lieben ohnehin schon alles besitzen. Wir schenken nicht, weil wir etwas brauchen, sondern weil wir etwas geben wollen. Also überlegen Sie sich, was der Beschenkte nicht braucht, aber trotzdem gern hätte. Und dann schenken Sie ihm kräftig eine ein!

Singe, wem Gesang gegeben!

Vor allem gilt hier der Umkehrschluss. Es gibt sehr schöne CDs mit Weihnachtsmusik.

Ein Baum muss her!

So wird wenigstens einmal im Jahr im Wald für Ordnung gesorgt.

Essen Sie!

Egal, ob Weihnachtsgans, Karpfen oder Kartoffelsalat. Ohne Völlerei gibt es keine Askese. Und ohne Askese keine spirituellen Erfahrungen.

Gehen Sie in die Kirche!
Wenn Sie das normalerweise nicht tun, dann
jetzt erst recht. Besetzen Sie im Gotteshaus
ohne falsche Scham die besten Plätze der fleißi-
gen Kirchgänger. Wünschen Sie ihnen den
Weihnachtsfrieden.

Lassen Sie sich vom Zauber des Festes berühren!
Für einen Nachmittag sind selbst Hausmeister
freundlich. Es gibt sogar freie Plätze im ICE
nach Frankfurt. Im Schwimmbad ist man ganz
allein. Oder genießen Sie die freie Zeit mit
einem guten Buch. Zum Beispiel mit diesem.

Das Weihnachtsmoratorium

Eigentlich war es nur ein Tippfehler. Aber Frank wäre beinahe daran erstickt. Wir saßen am Samstag vor dem ersten Advent gemütlich beim Frühstück und lasen die Zeitung. Ich die Wohnungsanzeigen. Er die Veranstaltungshinweise. Plötzlich spuckte er das Ei auf den Teller. Und fing an, gleichzeitig zu lachen, zu husten und zu würgen. Er schnappte nach Luft. Tränen traten in seine Augen. Erst als ich ihm auf den Rücken geklopft hatte und er ein Glas Wasser heruntergestürzt hatte, konnte er wieder sprechen. Er kicherte immer noch.

„Schau dir diese Idioten an", sagte er und hustete noch einmal. Er hielt seine Zeitungsseite hoch. Sein Finger zeigte auf eine Anzeige: „Freitag, 7.12. 20 Uhr: St. Johannes-Kirche:

Georg Friedrich Händel: Das Weihnachtsmoratorium".

„Das ist kein Tippfehler", sagte Frank, „sondern der Untergang des christlichen Abendlandes. Weihnachtsmoratorium! Mein Gott!" Wieder fing er an zu lachen.

„Ein Moratorium?" Ich suchte im vorderen Teil der Tageszeitung. „Weißt du, wofür sie gerade ein Moratorium verkünden? Für die Freisetzung von gentechnisch veränderten Organismen."

„Und es gibt ein Moratorium für Atomtests, wenn ich mich recht entsinne", meinte Frank. „Aber für Weihnachten!" Den ganzen Morgen hörte er nicht mehr auf zu kichern.

Nächste Woche rief Frank bei mir an. „Erinnerst du dich an das Weihnachtsmoratorium?", brüllte er in den Hörer. Er ist einer dieser Menschen, die eigentlich kein Telefon bräuchten. Ein Balkon würde ihm genügen. „Ich habe mir das noch mal überlegt. Das Weihnachtsmoratorium ist eine gute Idee."

„Und wo willst du es dir anhören?", fragte ich. „Die Vorstellung war am Wochenende."

„Nicht das Oratorium, du Schaf – das Moratorium. Ein Weihnachtsmoratorium."

„Was?"

„Ehrlich gesagt, du hast mich auf die Idee gebracht", schrie Frank in den Hörer. „Das Moratorium für Gentechnik und für Atomtests. Warum macht man so etwas? Um vorher zu klären, ob man hinterher Schwierigkeiten bekommt. Klar?"

„Klar."

„Also, man sagt, Gentechnik ist vielleicht gefährlich, und ehe wir nicht mehr darüber wissen, legen wir sie auf Eis."

„Genau."

„Genau. Und das Gleiche machen wir mit Weihnachten. Oder hast du eine Ahnung, was Weihnachten so für Spätfolgen nach sich zieht?"

„2000 Jahre Christentum", sagte ich.

„Lass mal den Quatsch." Frank ließ sich nicht aus dem Konzept bringen. „Ich meine die Folgen für unser tägliches Leben. Niemand arbeitet zwischen Weihnachten und Neujahr. Die Selbstmordrate steigt. Die Menschen verschulden sich bis über beide Ohren. Alle benehmen sich kindisch und verschenken Zeug, das niemand will. Tausende von Haustieren landen im Tierheim. Das ist doch das sichere Zeichen für eine nahende Katastrophe. Ich finde, wir sollten das mal untersuchen lassen."

„Frank, es ist Weihnachten."

„Ja, und? Hätten wir nach Tschernobyl so resigniert, hätten wir nie den Atomausstieg bekommen. Aber ich sehe, du bist nicht zu begeistern. Dann mach ich das eben allein."

Und Frank machte. Schließlich hatte er nicht umsonst Medienkommunikation studiert. Er sammelte sich die Fakten zusammen (oder das, was er dafür hielt). Weihnachten kam schlecht weg. Volkswirtschaftlich war es ein Desaster: Lauter freie Tage, dauernd Weihnachtsfeiern mit allem daraus resultierenden innerbetrieblichen Unfrieden. Überall Kuchen, Schnaps und Kekse mit den Konsequenzen für die Gesundheit. Ein Massenschlachten von Gänsen, Karpfen und Schweinen. Das riesige Verkehrsaufkommen mit Unfällen und Toten. Krisentelefone im Dauereinsatz.

Frank wusste genug. Jetzt begann er mit den Briefen. Nicht umsonst hatte er während des Studiums die Kunst perfektioniert, Briefe an öffentliche Personen oder Firmen zu schreiben und Antworten zu provozieren. Bei „Ravensburger" hatte er sich beschwert, dass „Schiffe versenken" nur „von 8 bis 88" gespielt werden durfte: „Wie soll ich das meinem 90-jährigen Opa erklären, einem Marineveteran aus Flensburg?" Ravensburger war eingeknickt und hatte eine Ausnahme für den alten Seebären gemachte. Frank hatte den Uni-Präsidenten von Freiburg genervt, weil die Fahrradständer immer voll geparkt waren. Er hatte den Oberbürgermeister schriftlich abgemahnt, weil die Politessen in seiner Straße nicht schnell genug Strafzettel verteilten und die Bürgersteige voll geparkt blieben. Und sich beim Oberkommandeur der französischen Schutzmacht beschwert, es gebe in den französischen Kneipen nur lausige Weine.

Erstaunlich häufig war Frank erstaunlich erfolgreich. Er hatte sich daran gewöhnt, gegen scheinbar übermächtige Gegner zu kämpfen. Aber mit dem zentralen Fest des christlichen Abendlands hatte er es noch nicht aufgenommen.

Er hatte sich hochkarätige Gegner ausgesucht.

„Jeder von denen kann Weihnachten stoppen oder zumindest das Moratorium ausrufen", war Frank sich sicher. Die Briefe gingen an den Verband des deutschen Einzelhandels. An die Kalenderhersteller. Und an die katholische und die evangelische Kirche in Deutschland.

Wir waren überrascht: Die Antworten kamen schnell. Wahrscheinlich hatten alle diese Verbände eine eigene Arbeitsgruppe, um Querulanten abzuwehren oder Weihnachtskummer zu entsorgen. Die zweite Überraschung: Alle erklärten sich für nicht zuständig. Der Einzelhandel erklärte ziemlich offen, sie würden ihre

Produkte auch im Frühjahr oder Herbst verkaufen, wenn sei einen ähnlich guten Anlass hätten.

Die Kalendermacher verwiesen darauf, die letzte Reform liege 890 Jahre zurück und so einfach ändere man das nicht. Und die ökumenisch/gemeinsame Antwort der Kirchen war ein kleines Meisterwerk in Sophisterei. Natürlich erklärten die Gottverwalter, an Weihnachten sei der Erlöser der Welt geboren, Gott sei Mensch geworden und das sei allemal ein Grund zum Feiern. Die unschönen Begleiterscheinungen seien nun mal hinzunehmen. Um sie zu lindern, seien ja unter anderem die Kirchen da.

„Frank, Weihnachten ist eben nicht aufzuhalten", sagte ich. Ich machte mir Gedanken, was ich ihm eigentlich in diesem Jahr schenken sollte. Eine Tafel mit der Inschrift „Mora et labora"?

„So schnell geben wir nicht auf", sagte Frank. „Let's go public."

Wieder schrieb er Briefe und Presseerklärungen. Er lief als Weihnachtsmann durch die Fußgängerzone und rief dazu auf, das Fest zu boykottieren. Er druckte Plakate mit dem gefälschten Briefkopf von Bischofskonferenz und EKD, auf denen er erklärte, in diesem Jahr falle Weihnachten „aus gesundheitlichen und organisatorischen Gründen" aus. Er richtete eine homepage ein (www.weihnachtsmoratorium.de), auf der er seine Aktionen bekannt machte.

Aber an Weihnachten war nicht zu rütteln. Zur großen Demonstration vor dem Freiburger Münster am 24. Dezember um 16 Uhr kam außer Frank nur noch eine Abordnung der Marxistisch-Leninistischen Partei Deutschlands MLPD mit zwei Genossen und die Hundertschaft Polizei, die der Dompfarrer bestellt hatte. Franks Homepage bekam eine Menge Zuschriften. Die meisten allerdings von einem amerikanischen online-Viagra-Versand. Und aufmunterndes Schulterklopfen bekam Frank vor allem von seinem Nachbarn, Herrn Krämmen. Der unterstützte ihn so lange, bis er in eine geschlossene Anstalt überführt wurde. Er hatte es nicht mehr ausgehalten, dass in allen Christbaumkerzen auf der Straße und in den Nachbarwohnungen Mikrofone versteckt waren, um ihn zu überwachen.

Franks Kreuzzug gegen Weihnachten trat ein wenig auf der Stelle.

Dann überschlugen sich die Ereignisse. Wissenschaftler entdeckten, dass der Nordpol auftaute. Der Weihnachtsmann verlor also seine Rückzugsbasis. Die amerikanischen Weihnachtspostkartenhersteller begannen, statt „Merry Christmas" nur noch „Season's Greetings" auf ihre Grußkarten mit verschneiten Winterlandschaften zu drucken – schließlich wollte man die nichtchristliche Kundschaft nicht vor den ungläubigen Kopf stoßen. Die Deutsche Bahn kündigte an, es werde in Zukunft keine verbilligten Weihnachtstickets mehr geben. Studenten, die gegen die Sparpolitik an den Hochschulen protestierten, weigerten sich, ihre traditionellen Jobs als Weihnachtsmänner auszufüllen und stürzten Familien und Arbeitsvermittler kurz vor dem Fest ins Chaos. In Weihnachtskeksen wurde das krebserregende Acrylamid entdeckt. Der Umweltverband WWF meldete, Ochs und Esel stünden auf der roten Liste der bedrohten Tierarten – jedenfalls in ihrer vorderasiatischen Heimat. Und eine internationale Bildungsstudie (Pisa global) kam zu dem Ergebnis, die Weisen aus dem Morgenland seien deutlich weniger qualifiziert als ihr Ruf es ahnen ließe.

Weihnachten wankte.

Aber es fiel nicht. Denn beim Transparente-Malen hatte Frank inzwischen Miriam kennen gelernt. Ein Jahr später hatten sie schon Emanuel in der Krippe liegen. Und Frank war von Kerzen und Lichtern, von Engeln am Tannenbaum und handgeschnitzten Krippenfiguren fasziniert. In dem Jahr soll er sogar in der Christmette gewesen sein.

Im nächsten Jahr war er dann wieder auf der Straße. Um Weihnachten zu retten. Vor dem Kommerz. Mit dem gewohnten Engagement und dem gewohnten Augenmaß. „Gegen den Clinch von Cash und Christmas – schafft den Weihnachtsmann ab!" stand auf den Flugblättern, die er aus dem Kinderwagen heraus auf dem Weihnachtsmarkt verteilte. Und mit anderen Bewohnern seiner Straße hatte er eine Elterninitiative gegründet. Ihr Ziel: Den Namen ihrer Straße zu ändern. Schließlich war das – und da standen dem Kämpfer gegen die kommerzialisierte Weihnacht wirklich die Barthaare zu Berge – der Nikolaus-Bares-Weg.

Single Bells

„Aach!" Mit einem Ächzen ließ Joachim sich in den Sessel fallen. „Das Wetter da draußen ist wirklich eklig. Zu kalt für Regen, zu warm für Schnee." Er griff dankbar nach der Tasse mit dem dampfenden Tee und wärmte seine Hände an der aufgeheizten Keramik.

„Schön, dass du kommen konntest", sagte Agnes. „Bei all dem Stress jetzt."

„Wieso denn?", fragte Joachim verwundert. „Du weißt doch, dass mir unser Adventstreffen heilig ist. Und wenn es nur deiner Zimtsterne wegen ist."

„Oh, richtig, die Zimtsterne." Agnes öffnete die große Metallbüchse auf dem Tisch und setzte sich auf die Couch. Joachim legte die Füße auf den kleinen Hocker vor dem Sessel.

Socken mit Weihnachtsglocken drauf, wie Agnes amüsiert feststellte.

„Alle Jahre wieder", sagte sie und prostete Joachim mit ihrem duftenden Earl Grey zu. „Das Treffen der einsamen Herzen im Advent."

„Agnes, tu mir einen Gefallen und red nicht vom Herzen", stöhnte Joachim. Er war gerade erst vor zwei Monaten aus der Klinik entlassen worden. „Da sind Sie aber um Haaresbreite an einem richtig dicken Infarkt vorbeigeschrammt", hatte ihm Doktor Börnigsen zum Abschied gesagt. Seine Diagnose: Zu viel Wein, zu viele Zigaretten, zu viel Arbeit. Und natürlich zu wenig Bewegung.

„Ich liebe den Advent", sagte Agnes und blickte in ihren Tee. „Alle warten auf etwas. Aber es kann auch wirklich furchtbar sein. Dieser Geschenkestress. Gestern ist mir im Kaufhaus eine Mutter mit zwei quengelnden Kindern über den Weg gelaufen. Erst hat der kleine Junge geschrien, dann das große Mädchen und zum Schluss die Mutter."

„Mich macht das Wetter fertig", gestand Joachim. „Es wird ja nie richtig hell. Und niemand lässt einen auch nur für einen Moment in Ruhe. Ich freue mich schon auf den Skiurlaub im Januar: Schnee, Sonne, Ruhe. Aachh", in wohliger Vorfreude streckte er seine Glieder aus. „Wie spät ist es? Nach sechs? Dann kann ich schon einen Schnaps trinken."

„Joachim!", sagte Agnes streng. „Weg vom Alkohol, hat der Doktor gesagt. Immerhin bist du vernünftig und trinkst Tee statt Kaffee. Sag auf jeden Fall deiner Schwester Bescheid, dass sie dir nicht wieder diesen Kräuterschnaps vorsetzt wie im letzten Jahr." Mit einer Mischung aus Grausen und Grinsen dachte Agnes daran, wie sich Joachim zu Weihnachten im letzten Jahr bei der Familie seiner Schwester benommen haben musste. Allein, was er davon erzählt hatte, reichte für einen kleinen sozialen Skandal. „Fährst du denn dieses Jahr wieder da hin?", fragte sie scheinheilig.

„Ach nee, lass man." Joachim winkte ab und studierte die Muster auf seiner Teetasse. „Da ist so viel Trubel, und jetzt bringt ihr Ältester, der Felix, auch noch seine Freundin mit. Das muss ich wirklich nicht haben." Er schaute auf und fixierte Agnes, die in der Couch versunken war.

„Und du? Fährst du zu Weihnachten auch wieder zu deinem Bruder und seiner großen Familie?"

„Nein, da ist inzwischen die Wohnung so eng, dass ich nur am zweiten Feiertag zum Kaffeetrinken komme. Also eher, um meine Zimtsterne abzuliefern", sagte Agnes. „Ich besuche am Heiligen Abend meine Mutter im Pflegeheim und mache es mir dann hier gemütlich. Und am ersten Feiertag nachmittags mache ich dann den Jahresabschluss. Bilanz, Steuern, der ganze Kram. Man hat wirklich mal seine Ruhe. Keiner kommt, das Telefon bimmelt nicht." Was Agnes verschwieg: Sie hoffte, dass es am Abend irgendwo im Fernsehen einen James-Bond-Film gab. Oder wenigstens einen Western mit Clint Eastwood.

Weihnachten war für Agnes und Joachim eine seltsame Zeit. Das Fest der Familie fand sie jedes Jahr wieder ohne eigene Familie vor. Bei Freunden und Verwandten zu sein, war nett. Aber es war nicht das gleiche wie eigene Kinder um sich zu scharen. Trotzdem dachten Agnes und Joachim aus irgendeinem Grund von sich selbst nicht als „Singles".

Sie kannten sich nun seit 23 Jahren, seit dem Studium. Vor sieben Jahren, als Agnes 40 wurde, hatten sie mit ihrer eigenen Tradition begonnen: Sich am vierten Advent zu treffen, um Kuchen zu essen, Tee zu trinken und sich gegenseitig das Herz auszuschütten. Und heimlich zu überprüfen, wie es dem anderen in seiner „Alleinsamkeit" so ging, wie Agnes einmal gesagt hatte. Damals hatten sich die beiden auch ineinander verliebt. Das war die Zeit, als Joachim seine Freundin zärtlich „Agnes Dei" genannt hatte. Die ganze Affäre war für sie allerdings keine grandiose Erfahrung: Beide hatten nicht gewusst, ob sie wirklich etwas miteinander wagen wollten, ob sie aus ihrem alten

Leben ausbrechen und neu anfangen sollten. Sie hatten einfach keine Übung in Herzensdingen gehabt, dachte Joachim heute. Es war ein Irrtum gewesen, sagte sich Agnes. Sie hatten Nähe und Vertrautheit als Liebe interpretiert. Als Freunde harmonierten sie deutlich besser. Joachim griff nun doch nach der Karaffe mit dem braunen Schnaps. Agnes schaute nur zu. Sie fragte: „Was machst du denn zu Weihnachten? Auch arbeiten?"

„Ja, das ist das Beste, habe ich gemerkt", sagte Johannes und konzentrierte sich auf die braune Flüssigkeit, die er in das kleine Glas goss. Warum mussten diese Schnapsgläser immer so winzig sein? Damit man es merkte, wenn man zu betrunken war, um sich einzuschenken? Und dann floss das Zeug so zäh. Er merkte, dass er beim Wein deutlich besser einschätzen konnte, wie er zu gießen war. „Letztes Jahr habe ich mal ausgesetzt zu Weihnachten. Aber das war noch schlimmer. Ich wusste überhaupt nicht mehr, was ich mit mir machen sollte. Lesen wollte ich nicht, im Fernsehen gab es nur Schrott, und in den Kneipen trifft man Weihnachten auch keine interessanten Leute, sondern nur Leute, die nicht wissen, wohin mit sich. Nee, nee, arbeiten ist schon das Beste."

„Zu Weihnachten frage ich mich oft, ob es richtig war, keine Kinder zu haben", sagte Agnes. Joachim sah sie an. „Man merkt doch, dass in den Familien viel mehr los ist als in unserem Leben: Gutes und Schlechtes. Aber dann denke ich doch immer, nein, mit dieser vielen Arbeit hier, da könnte man Kindern auch nicht gerecht werden."

„Na, ich danke", brummte Joachim. „Du kennst ja den Kindergarten neben meinem Haus. Ich muss dir sagen, die machen ein Geschrei tagsüber, das ist manchmal nicht auszuhalten. Ich sage nichts und beschwere mich nicht, aber wenn ich im Sommer bei offenem Fenster am Schreibtisch sitze und nachdenke, dann kann ich manchmal keinen klaren Gedanken fassen. Und wenn das auch noch meine wären, nee, also ..."

„Ach, Jo, so ein Unsinn", sagte Agnes. „Dann würdest du anders reden. Und nicht soviel rauchen und dir nicht schon den zweiten Schnaps einschenken und ..."

Es klopfte an der Tür. Schwester Martha steckte den Kopf mit der grau-weißen Haube ins Zimmer. Sie blickte Agnes mit ihrem vorweihnachtlichen Engelslächeln direkt an: „Schwester Oberin, ich bräuchte ein paar Unterschriften für die Banksachen. Und, Herr Weihbischof, Ihr Fahrer wartet unten."

Der subversive Adventskalender

Der ganze Körper vibriert vor Aufregung. 89 Zentimeter Anspannung, 12,3 Kilogramm Erwartung. Die Augen riesengroß.
Die Hände öffnen und schließen sich zwanghaft. Der Mund
macht trockene Kaubewegungen.
Tina steht vor dem Adventskalender.
„Iiiiiiiiiiiich!", ruft meine Tochter und reckt
die Arme. Auf dem Küchentisch steht aber
heute ihr Bruder Jonas und schneidet das Säckchen für den Tag von der Schnur, die quer
durch die Küche hängt. Wir haben nicht einen,
nicht zwei, nicht drei, sondern vier Adventskalender. Manche sind so voll mit Schokolade,
dass mir schon beim Zusehen die Zähne weh
tun. In anderen sind weise Geschichten wie die
vom salomonischen Urteil Salomos: Zwei
Frauen streiten sich um ein Baby, und statt eines

simplen DNA-Tests schlägt er vor, das Baby in der Mitte durchzuschneiden. Und eine solche Geschichte soll es zum Frühstück geben? Da muss ich wieder drei Tage lang bohrende Fragen nach den Details einer solchen Operation beantworten. Schokolade ist wohl doch besser als diese Art von Weisheit.

„Was macht ihr denn mit den ganzen Adventskalendern?", fragt unsere Freundin Petra. „Die Kinder kriegen doch eh zuviel Süßes in der Weihnachtszeit. Und außerdem sind die doch sowas von kitschig." Ganz richtig. Und ganz falsch. Denn nichts ist heutzutage so subversiv wie ein Adventskalender.

Schließlich sind die Kalender die letzten Rufer in der Wüste vor Weihnachten. Hier bereiten wir uns Schritt für Schritt, Säckchen für Säckchen und Türchen für Türchen auf Weihnachten vor. Und das ist für eine Dreijährige verdammt hart: Zu wissen, dass da alles voller Schokolade ist. Und gleichzeitig zu wissen, dass man mit der großen Tür noch drei Wochen warten muss. Drei Wochen! Das ist, als müssten

wir Thirtysomethings jetzt für unseren Renten-
eintritt mit 87 vorplanen. Adventskalender bringen selbst Windelkindern den wichtigsten
Aspekt des zivilisatorischen Fortschritts nahe:
„You can't always get what you want."

Wie ich an meiner Tochter sehe, fordert
auch der zivilisatorische Fortschritt zuweilen
seine Opfer. Sie sind dann wie von Sinnen und
wälzen sich schreiend auf dem Teppich, weil sie
die Fruchtbonbons vom 12. Dezember nicht
schon am 11. Dezember bekommen . Aber das
geht vorbei. Spätestens am 24. Dezember.

Advent heißt Ankunft. Erwartung. Vorfreude.
Heutzutage allerdings beginnt der Advent,
wenn die Freibäder schließen. Aus der Vorfreude ist die Nachfrage geworden. Alle
Wochenenden sind verkaufsoffen. Jeden Tag ist
Weihnachten. Vielleicht mit Ausnahme der Tage
vom 24. bis 26. Dezember. „Ich will alles, und
zwar sofort", ist die Maxime von Mars bis Media
Markt. Ist es ein Zufall, dass Spekulant und Spekulatius so ähnlich klingen?

Der Adventskalender ist in diesem Getümmel ein Fossil aus dem Mittelalter. Als ich ein Kind war, lag in meinen Adventskalendern neben den Bonbons auch immer Aufgaben, die mich zu einem besseren Menschen oder zumindest zu einem regelmäßigen Müllrunterträger und Schuhputzer machen sollten. Das ging mir furchtbar auf die Nerven. Aber noch schlimmer als dieser Weihnachtsfron war das Warten. Inzwischen haben wir eine Geschirrspülmaschine und Raulederschuhe. Aber das Warten ist auch meinen Kindern geblieben: Immer nur ein bisschen bekommen. Und dann wieder warten. Bis morgen. Bis übermorgen. Aahh, das tut weh.

Um den Schmerz meiner Kinder mitzufühlen, habe ich mich in diesem Jahr ebenfalls auf ein schmerzvolles Vorweihnachts-Ritual besonnen. Das Fasten. Nicht wirklich so, dass mir zu Neujahr meine alten Jeans wieder passen. Ich verweigere nur die Plätzchen und Stollen, die Leb- und Sterbkuchen. Fastenessen soll nicht schmecken. Es soll nicht nahrhaft sein. Es soll nicht wirklich Essen sein. Nur fast. Fast Food eben.

Zu Weihnachten bin ich ein gläubiger Mensch. Ich glaube an die Allgegenwart des Konsums und an die Allmacht des Kapitalismus. Deshalb vertraue ich auf die Burgerwehr, die uns täglich mit Fasten-Nahrung versorgt. Sie wird auch das Fasten, diese letzte Bastion aus Grießgrambrei, bald schleifen. Und uns am 24. Dezember den McChristmas präsentieren wird. Aus 100 Prozent Gänsefleisch, mit Zimt und mit dem Slogan „Da fällt das Fasten leicht".

Deutschland – Türkei 4:6

Micha fluchte leise. Die extra scharfe Soße aus seinem Döner Kebap war ihm auf das neue blaue Hemd getropft und bildete dort eine curryfarbene Insel. Wann würde er endlich lernen, Döner zu essen, ohne hinterher wie ein Schwein auszusehen? Micha riskierte einen schnellen Blick auf Murat und Jerzey. Beide saßen auf der Couch, starrten auf den Fernseher und kauten an ihren Kebaps. Kein Soßenklecks, nicht einmal ein verschmierter Mundwinkel. Micha war neidisch.

Er stand auf und ging sich die Hände waschen. Als er ins Wohnzimmer zurück kam, saßen seine Freunde immer noch unbeweglich da. „Noch sieben Minuten und dann vier Minuten Nachspielzeit", sagte Murat. „Das schafft Bayern nie. Die sind raus."

„Abwarten", sagte Jerzey ruhig mit seinem singenden polnischen Akzent. „Denk an das Finale gegen Manchester damals. Zwei Tore in den letzten drei Minuten."

„Aber die Tore hat Bayern kassiert und nicht geschossen!", sagte Murat und rieb sich die Hände. „Und Galatasaray ist stark heute. Das war's dann mit der Champions League. Wahrscheinlich heulen die Bayern die ganzen Weihnachten über."

„Selbst wenn Bayern rausfliegt", sagte Micha und setzte sich wieder aufs Sofa. „Dann habt ihr doch bloß Glück. Wir haben in Deutschland nun mal die besseren Spieler."

„Ja klar," meinte Murat. „Die tollen deutschen Spieler Robben, Lewandowski, Ribéry und Dante, was?"

„Guckt einfach Fußball und streitet euch nachher", sagte Jerzey. Er nahm einen Schluck Zywiecz Bier und drei Spekulatius-Kekse. Die Kekse waren der einzige Tribut an die Jahreszeit, den sie sich auf der Weihnachtsfeier ihrer Lerngruppe gönnten. Nach einem Nachmittag

Büffeln über dem „Schuldrecht, Besonderer Teil" hatten sich die drei Jura-Studenten auf den Abend gefreut: Bei Micha Fußball gucken. Und jeder sollte etwas zu essen aus seiner Heimat mitbringen. Döner, Bier, Spekulatius und Fußball. Deutlich besser als Tannenzweige und Zimtsterne, fand Micha.

„Guck mal, die Bayern machen euch doch nur ein Weihnachtsgeschenk", stichelte er gegen Murat. „Wenn die wirklich wollten, würden sie nicht mit 1:2 hinten liegen."

„Du musst reden. Wenn mein Land so schlecht wäre wie deins im Fußball, wäre ich ganz ruhig", meinte Murat.

„Schlecht? Wir sind Zweiter in der FIFA-Weltrangliste", meinte Micha erbost.

„Dass ich nicht lache", grinste sein türkischer Freund. „Habt bloß Glück gehabt bei all den Welt- und Europameisterschaften. Immer so durchgehampelt und im Halbfinale rausgeflogen."

„Ach und ihr?" Micha holte sein Smartphone aus der Tasche. „Wo seid ihr denn überhaupt auf der Rangliste?" Er scrollte mit den Zeigefinger immer weiter nach unten. „Hier! Platz 39, Mann! Hinter dem Iran und Ghana!"

„Dass ihr Deutschen immer denkt, ihr seid in allem besser", rief Murat plötzlich empört. „Seid ihr gar nicht."

„Ach nee?", rief Micha.

„Nee", sagte Murat. „Nenn mir mal was, wo ihr besser seid."

Micha überlegte kurz. „Autos. Wir haben Mercedes, BMW, Audi, meinetwegen auch VW. Und ihr? Höchstens Ford Transit! Mit der ganzen Großfamilie in die Türkei!" Er musste lachen.

„Okay", sagte Murat. „Autos. Ist ja nicht unwichtig. Aber hey, wir haben die besseren Frauen. Viel schöner. Viel treuer." Micha dachte kurz an ihren Jahrgang an der Uni. Frauke und Susanna waren nicht schlecht. Aber Nilüfer und Ayse sahen deutlich besser aus. „Sogar der Sohn von Helmut Kohl hat eine türkische Frau", sagte Murat noch. „Und der konnte sie sich doch wirklich aussuchen."

„Eins zu eins. Aber wir sind reicher. Deutsche haben mehr Geld. Machen damit dauernd Urlaub in der Türkei."

„Wenn ich mir unsere Bibliothek anschaue, dann glaube ich nicht mehr, dass Deutschland ein reiches Land ist", sagte Murat. „Meinetwegen. Aber hier: Wetter. Unschlagbar, die Türkei. Warum kommen denn die ganzen dicken Deutschen an unser Meer. Weil immer die Sonne scheint. Nicht so Depri-Wetter wie hier, Mann."

„Wetter! Dafür könnt ihr nun wirklich nichts", rief Micha. „Aber wir sind das Land der Denker und Künstler! Goethe, Schiller, Beethoven, Mozart! Und wen habt ihr da? Kemal Atatürk? Ein Punkt für mich!"

„Dann steht es zwei zu zwei", bemerkte Jerzey. „Aber ich bin nicht sicher, ob ihr den Punkt überhaupt bekommt. Ihr hattet schließlich auch Hitler."

„Und überhaupt, Musik, das kannst du gar nicht zählen", sagte Murat. „Wir hatten Sertab Erener, Siegerin beim Grand Prix und der volle

Superstar. Und ihr? Peter Maffay? Der singt Kinderlieder."

„Dafür sind wir viel fortschrittlicher", sagte Micha „Wir schlachten nicht unsere Ziegen auf dem Balkon im Hinterhof und grillen sie dann im Park. Und wir sind viel freier. Unsere Frauen tragen keine Kopftücher."

„Bei manchen wäre das gar keine schlechte Idee", lachte Murat. „Und Freiheit? Ok, in der Türkei ist es damit nicht weit her unter Erdogan. Aber bin ich hier freier? Nicht als Ausländer, Mann! Bis ich meinen deutschen Pass hatte, musste ich mich immer blöd anmachen lassen auf der Behörde und von der Polizei. Und selbst jetzt noch auf der Straße, weil ich türkisch aussehe." Schiedsrichter Jerzey gab ihm recht. Kein Punkt für Deutschland. Gesamtstand drei zu drei. Im Fernsehen verlor der FC Bayern gegen Galatasaray Istanbul mit 1:2 und machte dem türkischen Club ein schönes Weihnachtsgeschenk: 10.000 Dollar pro Spieler. Aber die drei Studenten interessierte jetzt ihr eigener Wettkampf.

„Das Essen! Punkt für die Türkei!", triumphierte Murat. „Oder nenn' mir mal was Deutsches, was so gut ist wie Döner. Und sag jetzt
nicht Currywurst, Mann!" Murat hob die Fäuste.
Er hatte sich noch nie so national gestimmt
gefühlt. „Und dann Zypern! Wir haben uns
gegen die Wiedervereinigung gewehrt. Das habt
ihr bei den Ossis nicht geschafft!" Jerzey schüttelte den Kopf. „Zypern gilt nicht. Aber Döner
zählt. Vier zu drei für die Türkei."

Micha dachte kurz nach. „Unser Fernsehen
ist besser. Bei uns gibt's noch richtige Nachrichten. Und politische Sendungen. Und gute
Filme. Wenn ich bei euch gucke, Murat, dann
sind das immer nur Trickfilme. Und Musik und
furchtbare Liebesschinken."

„Jetzt habe ich's", rief Murat und tanzte
durchs Zimmer. „Gestern habe ich gelesen, eure
Gartenzwerge kommen eigentlich aus der Türkei, aus Kapadokien. Stell dir vor, deine Eltern
haben in ihrer Gartenlaube Gartenzwerge, eine
türkische Tradition! Wenn die das wüssten!
Fünf zu vier!"

Micha war wütend. „Ja, von wegen Tradition! Wir haben Weihnachten! Immer am 24. Dezember. Das kann man sich wenigstens merken! Und ihr? Zuckerfest und Ramadan, wo man nie weiß, wann genau das jetzt ist. Also, mit Weihnachten sind wir Deutschen weit vorn! Fünf zu fünf!"

„Tut mir leid, aber das stimmt nicht." Jerzey schüttelte den Kopf. „Weihnachten ist nun wirklich kein deutsches Fest. Jesus war schließlich Palästinenser. Und wisst ihr was?" Jerzey holte tief Luft. „Das ist natürlich völlig bekloppt, was ihr hier macht. Aber wenn schon, dann gewinnt die Türkei mit Sechs zu vier. Wegen Weihnachten."

„Wegen Weihnachten? Was soll das denn?", fragte Micha.

„Na, denk mal nach", sagte Jerzey. „Wer ist der große Chef an Weihnachten? Der Weihnachtsmann. Und was ist der Weihnachtsmann? Nur eine moderne Fassung vom Nikolaus. Und wo kam der Nikolaus her? Aus Myra. Wo lag Myra? Kleinasien. Und was ist Kleinasien heute? Die Westküste der Türkei." Jerzey blickte erst Murat und dann Micha ernst an. „Tut mir leid, das zu sagen, Leute. Aber der Weihnachtsmann ist ein Türke."

Kein Konsum. Nirgends.

Der internationale Buy Nothing Day scheitert bei mir bereits um 8.53 Uhr. Die gestresste Verkäuferin im „Back Stop" bei „Kaisers" gibt die Brötchentüte nicht umsonst her. Die Mehrkorn- und Laugenbrötchen kosten 2,78 Euro. Kein Geld, keine Brötchen. Eigentlich darf ich heute nichts kaufen. Aber ich brauche die Brötchen. Der Termin wartet. Ein Arbeitsfrühstück. Was soll ich machen? Meiner Gesprächspartnerin sagen, sie solle die Brötchen holen? Die Kosten einfach auf andere abwälzen?

Das wäre nicht im Sinne des Erfinders. Der heißt Kalle Lasn und ist Chef der kanadischen „Adbusters", einer konsumkritischen Gruppe mit Sitz in Vancouver. Lasn, eigentlich ein Anzeigenfachmann, bekämpft seit 1992 den jährlichen Konsumterror vor Weihnachten. Seit 1997 rufen die „Adbusters" den „Buy Nothing Day", den internationalen Kauf-nichts-Tag aus. Nach ihren Angaben beteiligen sich inzwischen etwa eine Million Menschen in 55 Ländern an den Aktionen. Sie verteilen „Keine-Geschenk-Gutscheine", eröffnen „No Shops" in Einkaufspassagen oder helfen bei der Vernichtung von Kreditkarten. Allerdings ist natürlich nicht nachzuweisen, wer wann aus welchem Grund etwas nicht gekauft hat. Auf ihrer Homepage www.adbusters.org zitieren die Initiatoren eine Umfrage, nach der 62 Prozent der US-Bevölkerung den BND befolgen wollen, weil sie unter dem Konsumrausch leiden. 33 Prozent der Befragten geben zu, Weihnachtsgeschenke ungeöffnet wegzuwerfen.

Auch wenn ich gleich am Morgen scheitere – viele Leute haben auch in Deutschland heute „Nichts einkaufen" auf ihren Shopping-Listen stehen. In Köln gibt es „Einkaufen ohne Kaufen", in Dresden einen „Umsonstladen" und in Berlin einen „Tu-was-kauf-nichts-Nachmittag".

Überall die gleiche Idee: Wenigstens einen Tag im Jahr, vor dem Start ins Weihnachtsgeschäft, sollten die Menschen andere Dinge tun, als zu konsumieren. Mal wieder zur Ruhe kommen. Sich klarmachen, warum immer mehr Menschen verschuldet sind, warum immer mehr Natur verschwindet, warum die Abfallberge wachsen. 24 Stunden lang einfach mal nichts kaufen.

Das klingt einfacher, als es ist. Spätestens seit dem Reinfall mit den Brötchen ist mir das klar. Die Brötchen sind gekauft. Die Alternative dazu wäre gewesen, sich gestern mit Frühstück für heute einzudecken. „Aber am Tag vorher den Kühlschrank aufzufüllen, das gilt nicht", hatten die Kollegen gerufen, als ich von meinem geplanten Selbstversuch erzählt hatte.

Also ab zum Termin und in die U-Bahn. Damit ich kein Ticket kaufen muss, habe ich mir eine Monatskarte geliehen. Ticket kaufen ist verboten. Schwarz fahren aber auch. Schließlich geht es am Buy Nothing Day nicht ums Schnorren.

Worum dann? „Die Idee ist es, einen Tag innezuhalten und darüber nachzudenken, wie unser Konsum den Planeten zerstört", sagen die Adbusters. Deswegen entwerfen sie in den USA und Kanada Antiwerbespots, in denen ein Zeichentrickschwein den Fernsehzuschauern zwischen Werbung für Bier und Autos frech ins Gesicht rülpst. Und erklärt, dass unsere Art des Konsums den Rest der Welt kahl frisst.

Früher wollte kein Sender ihre Werbung ausstrahlen, weil der Inhalt der Spots „der ökonomischen Politik der USA" widerspreche. Was sicher richtig ist.

Die Fahrt mit der Berliner U-Bahn macht mir kein schlechtes Gewissen. Erstens habe ich nicht bezahlt. Zweitens ist das eine Dienstleistung und außerdem noch öffentlicher Nahverkehr. Das kann nicht falsch sein. Auch die 11,10 Euro für zwei Filme voll entwickelter Urlaubsfotos tun eigentlich niemandem weh. Am Nachmittag erzählt mir Freundin Ute, sie habe eine neue Energiesparlampe gekauft. So ist es richtig.

Denn die spannendste Frage am Buy Nothing Day lautet: Gibt es guten und bösen Konsum? Überhaupt gilt Konsum als erste Bürgerpflicht. Die Regierung wirbt für den Aufschwung mit vollen Einkaufstüten. Aber wofür geben wir das Geld aus?

Sicherlich sind Dienstleistungen grundsätzlich korrekter, was die direkten Folgen für die Umwelt angeht. Eine U-Bahnfahrt verbraucht weniger Energie und verursacht weniger Schadstoffe als der Kauf eines Geschirrspülers. Aber was, wenn der Geschirrspüler so viel Wasser und Strom spart, dass er umweltfreundlicher ist als das Spülen mit der Hand?

Damit die interessierten Verbraucher (die meistens Verbraucherinnen sind) vor diesen Fragen nicht vollends kapitulieren, hat ihnen der nationale Rat für Nachhaltigkeit einen Wegweiser an die Hand gegeben: den „nachhaltigen Warenkorb". Der gibt in den Bereichen Ernährung, Bekleidung, Wohnen, Verkehr, Tourismus oder Geldanlage Hinweise, wie man politisch und ökologisch korrekt beim Einkauf über die

Runden kommt. Anhand dieser Checkliste sollen wir unser Einkaufsverhalten ausrichten, wenn uns die sozialen, wirtschaftlichen und ökologischen Folgen unseres Konsums nicht egal sind.

Sind sie aber. Denn wir angeblich „aufgeklärten Verbraucher" versagen regelmäßig, wenn es um die „Politik mit dem Warenkorb" geht: Die meisten Deutschen lehnen Eier aus Käfighaltung ab, die inzwischen auch abgeschafft ist. Doch in „Kleingruppen" darf man die Hühner weiter halten. Da hat jedes Tier nicht mehr nur ein DIN-A4-Blatt Platz, sondern eineinhalb DIN-A4-Blätter. Mehr als 80 Prozent der Befragten geben an, sie wollten mehr Ökostrom. Tatsächlich beziehen nur etwa sechs Prozent der Deutschen grünen Strom aus erneuerbaren Energien. Und alle wünschen sich seit Jahren das Dreiliterauto. Aber als VW mit dem Lupo und dem Audi A2 auf den Markt kam, ließen sie die Produktion bald wieder auslaufen. Gekauft werden lieber die Spritschlucker.

Beim Gang über den Wochenmarkt am Nachmittag bleibt meine Brieftasche zu. Keine

Äpfel aus dem Berliner Umland, keine Zucchini und Apfelsinen vom Fruchthof. Dafür ein Sonnenblumenbrot beim Biobäcker. Auch am Buy Nothing Day ist es richtig, im Bioläden zu kaufen. Apfelsaft, Weingummi und Windeln brauche ich zum Glück heute nicht. Da bleibt mir Aldi erspart. Auf dem Rückweg laufe ich an drei Läden vorbei, die Billigstklamotten anbieten. Es kann ganz entlastend sein, nichts kaufen zu wollen. Wer kein Geld ausgibt, kann nichts falsch machen.

Das stimmt natürlich nur begrenzt. Zu Hause setze ich mich still aufs Sofa. Ich halte die Luft an. Es nützt nichts. Selbst wenn ich den ganzen Tag zu Hause bliebe und mir die Decke über den Kopf zöge, rechne ich dann, bin ich doch dauernd am Kaufen: Kita-Gebühren, Miete, das Abo für die Zeitungen, Grundgebühr fürs Telefon, Versicherungen. Auch wenn ich nur Luft atme, gebe ich jeden Tag knapp 30 Euro aus. Da hilft auch ein Tag ohne Warenaustausch nicht viel.

Deswegen gebe ich dann am Abend auch auf. Mit vier Kindern landen wir in der „Knüller-Kiste", wo alles 55 Cent kostet: Seifenblasen, ein Minidüsenjet, Softpornohefte, eine Gipsbüste von Johann Strauss, Christbaumkugeln, ein Schaber zum Raspeln von Gemüse, ein Schaber zum Raspeln von Hornhaut an den Füßen, Bücher über Ufo-Sekten, Luftschlangen, Mausefallen. Ein Ramschtempel des nicht nachhaltigen Konsums. Ein Paradies für Zwei- bis Vierjährige.

Doch die Auswahl meiner Testgruppe ist erstaunlich rational: Radiergummi, Bleistiftspitzer (braucht man jeden Tag), eine Puppe (immer zu gebrauchen), ein Schnorchel (braucht man, wenn man Schwimmen lernt). Hat sich der Gedanke des nachhaltigen Konsums etwa schon weiter rumgesprochen, als angenommen? Jedenfalls argumentiert die Verkäuferin bei Karstadt wie Kalle Lasn, als sie uns zwei Tage später ein teures Topfset schmackhaft machen will: „Wir sind viel zu arm, um billig zu kaufen."

Einfach unglaublich

Martin schnaubte verächtlich durch die Nase. „Bleibt mir doch weg mit eurem Weihnachten", sagte er durchs Telefon. „Jedes Jahr die gleiche Leier. Hört mal, ich komme gern an Weihnachten zu euch. Petra ist bei ihren Eltern, und Weihnachten ist das Fest der Familie, also steige ich in den Zug und komme nach Fulda. Aber lasst mich in Ruhe mit Kind, Kitsch und Krippe, ja?"

„Aber Martin", sagte Edelgard mit diesem sanften Jetzt-tust-du-deiner-alten-Mutter-aber-weh-Tonfall. „Ich habe doch nur gefragt, ob du am Heiligen Abend mitkommst in die Kirche. Damit wir wissen, ob Tante Judith uns zwei oder drei Plätze reserviert, wenn sie früher hingeht."

„Natürlich komme ich nicht mit in die Kirche, Mutter", sagte Martin. „Ich war seit 17 Jahren nicht mehr in der Kirche."

„Deswegen frage ich ja. Vielleicht hättest du ja mal wieder Lust."

„Mit Lust hat Kirche bei mir nichts zu tun. Und die Kirche mit der Lust übrigens auch nicht, wenn ich euren Papst richtig verstehe."

„Das ist nicht unser Papst. Der gehört allen."

„Mir nicht."

„Allen Katholiken. Und du bist auch einer, ob du es willst oder nicht."

„Ich bin keiner. Ich bin aus der Kirche ausgetreten, wie du weißt, Mutter."

„Ich weiß. Aber trotzdem bleibst du Katholik."

„Nein, tut mir leid."

„Doch, tut mir leid."

„Mutter", sagte Martin. „Lass uns doch nicht jetzt schon streiten. Dafür haben wir das ganze Weihnachtsfest noch Zeit."

Diese Zeit wollte Edelgard nutzen. Diesmal war sie vorbereitet. In den Jahren davor hatten sie sich nie wirklich über Martins Unglauben unterhalten. An seine Kritik an der Kirche war sie gewöhnt gewesen. Vielleicht hatte er früher als Ministrant auch zuviel von der Kirche mitbekommen. Aber nun war er „bei den Freidenkern", wie letztens Frau Siesorek von nebenan bemerkt hatte. „Ihr Martin, der war doch mal so vernünftig", hatte die Siesorek im Supermarkt gesagt. „Aber jetzt verhöhnt er ja nur noch den Glauben." Und alles nur, weil Martin zu Ostern Frau Siesorek „guten Tag" geantwortet hatte, als diese ihn beim Spaziergang im Park mit „Gesegnete Ostern!" begrüßt hatte.

Dann saß Martin auf dem Sofa, die Kerzen waren fast heruntergebrannt. Die Geschenke waren ausgepackt und alles schien friedlich. Edelgard hatte sich gründlich vorbereitet, hatte Bücher gelesen und mit Pfarrer Sonnlohr debattiert. Jetzt wollte sie es wissen.

„Martin, ich wollte mir dir noch mal über den Glauben sprechen", sagte sie und schaute ihren Sohn direkt an. „Ich finde es sehr schade, dass du ihn verloren hast."

„Ich habe ihn nicht verloren", sagte Martin.

„Nicht?"

„Nein, ich habe ihn nicht zufällig verloren, sondern abgelegt. Ich kann nicht mehr und will nicht an einen Gott glauben. Das ist Quatsch. Es gibt keinen Grund dafür. Keine Beweise. Aus. Fertig." Keine Beweise. Edelgard hatte ihren Sohn da, wo sie ihn haben wollte.

„Keine Beweise?", sagte sie. „Glaubst du nur an Sachen, die du beweisen kannst?"

„Dann müsste ich ja nicht glauben. Aber ja, du hast recht. Ich akzeptiere nur Dinge als richtig, die ich beweisen kann. Schließlich habt ihr mich Physik studieren lassen."

„Aber du glaubst lauter Dinge, die du nicht beweisen kannst", sagte Edelgard.

„Nein, tue ich nicht."

„Doch. Zum Beispiel, dass im Kühlschrank das Licht ausgeht, wenn man die Tür zumacht", sagte Edelgard. Auf dieses Beispiel war sie richtig stolz.

Martin lachte. „Was? Das nennst du Glauben? Ich könnte das sofort überprüfen."

„Tust du aber nicht. Und du glaubst es trotzdem."

„Nur, weil ich etwas nicht beweise, was ich beweisen könnte, bin ich doch kein gläubiger Mensch. Manche Sachen nimmt man eben als gegeben hin. So wie meine Annahme, dass dieses Sofa nicht unter mir zusammenkracht.

„Eben", sagte Edelgard. Sie triumphierte ein bisschen. Ein anderes bisschen fühlte sie sich allerdings wie ein Zeuge Jehovas: Sie versuchte gerade, ihren Sohn mit Argumenten so in die Ecke zu drücken, dass er wieder zum Christen wurde. Aber egal, dachte sie. Jetzt hatte sie sich das so lange bereit gelegt. Und es war ja auch für einen guten Zweck.

„Warum grinst du so, Mutter?", fragte Martin. „Soll ich dir eine Kamera in den Kühlschrank bauen, um dir zu beweisen, dass ich kein Christ bin?"

„Woher weißt du, dass die Erde rund ist?" Edelgard spielte ihren nächsten Trumpf aus. „Oder besser noch: Warum weißt du, dass die Sterne am Himmel nachts keine Lichtpunkte sind, die am Himmel kleben? Warst du schon mal da oben?"

„Das haben Menschen bewiesen, deren Rechnungen ich nachvollziehen kann, wenn ich will."

„Aber nicht alle haben Physik studiert."

„Das ist deren Problem", sagte Martin.

„Aber es gibt noch viel mehr, was du nicht weißt, sondern einfach glaubst", sagte Edelgard.

„Da bin ich mal gespannt."

„Du glaubst, dass im Brot beim Bäcker kein Rattengift ist. Dass die Autos auf der rechten Straßenseite fahren. Dass der Zug dich dahin bringt, wohin er fahren soll. Du glaubst, dass Menschen auf dem Mond waren und du glaubst, du hast Fotos vom Wrack der ‚Titanic' gesehen."

„Mann", sagte Martin. „Mutter, du bist ja richtig präpariert. Was wird das hier – eine Heidenverfolgung?"

„Vielleicht eine Gegenreformation", sagte Edelgard und lachte.

„Die Beispiele sind interessant, aber sie stimmen nicht", sagte Martin. Er war erstaunt, dass ihn die Diskussion nicht nervte. „Alle diese

Dinge sind nachzuprüfen. Ich muss nicht glauben, dass kein Rattengift im Brot ist. Dafür gibt es die Lebensmittelkontrollen."

„Aber du kontrollierst eben nicht selbst. Du verlässt dich auf andere."

„Eben. Das ist Vertrauen. Aber kein Glaube."

„Das ist zu weiten Teilen das gleiche", sagte Edelgard. „Aber es gibt noch mehr, woran du nur glaubst und was niemand beweisen kann."

„Und das wäre?"

„Der Wert des Geldes. Oder von Gold. Oder Aktien. Nur weil alle daran glauben, ist es was wert."

„Hmm. Gutes Argument." Martin dachte nach. „Aber ich muss ja nicht selbst daran glauben. Es reicht, wenn alle anderen es tun. Und wenn zu wenige es tun, dann stürzt der Kurs der Aktien eben ab."

„Da siehst du, wohin Unglauben führt", sagte Edelgard. „Direkt in die Katastrophe."

„Ein Punkt für dich", sagte Martin. „Aber eigentlich nur ein halber. Denn ich glaube ja nicht aus freien Stücken. Sondern weil ich an den Wert des Geldes glauben muss. Sonst verhungere ich."

„Na gut", sagte Edelgard. Sie holte ihr letztes As aus dem Ärmel. „Aber ich weiß, das du an etwas aus freien Stücken glaubst und es nicht beweisen kannst." Sie war froh, dass sie sich all die komplizierten Dinge noch ohne einen Zettel merken konnte. „Und zwar..."

„Ich bin mal gespannt, wo meine Mutter mich besser kennt als ich mich selbst", warf Martin ein.

„Ganz einfach: Die Liebe zwischen Petra und dir. Die gibt es, aber sie ist nicht zu beweisen. Jedenfalls nicht mit der Physik."

„Aber vielleicht mit der Physis", rief Martin. „Kleiner Scherz." Er dachte einen Moment nach. „Ich gebe zu, dieses Argument ist gelungen. Ja, ich glaube an Petras Liebe und an meine Liebe zu Petra. Und nein, natürlich kann ich sie nicht beweisen."

„Es geht noch weiter", sagte Edelgard. „Man muss an die Liebe glauben, sonst ist sie nicht mehr da."

„Aber jetzt lieferst du dein eigenes Argument ans Messer", staunte Martin. „Wenn ich nicht mehr an die Liebe glaube, ist sie weg. Wenn ich nicht mehr an Gott glaube, ist er auch weg. Also bin ich aus dem Schneider. Es gibt immer nur das, woran ich glaube."

Edelgard fühlte sich ein bisschen schwindelig. Dabei hatte sie gar nicht geschwindelt. Hatte sie jetzt bewiesen, dass man an Gott glauben musste? Oder tatsächlich das Gegenteil?

„Jedenfalls kannst du gar nicht leben, ohne zu glauben", sagte sie. „Das steht nach allen diesen Beispielen fest. Du musst einfach glauben."

Martin lächelte. „Ich glaube das nicht."

Schwarz-weiße Weihnacht

Lars Kreutzke kniff die Augen zusammen. Der Schmerz in der Stirn wurde erst schlimmer, dann nahm er ab. Kreutzke öffnete die Augen und blickte wieder auf den Computerbildschirm. Eindeutig zu lange auf das Geflimmer gestarrt, dachte er sich. „Ich mache mir hier noch die Augen kaputt", brummte er. Im neuen Jahr musste Portkain ihm endlich einen neuen Bildschirm besorgen. Auf dem hier war vor lauter Schneegestöber manchmal der Cursor kaum zu entdecken.

Kreutzke hob den Kopf und blickte aus dem Fenster. Vor dem dunklen Himmel tanzten die Schneeflocken. Schnell erhob er sich und trat ans Fenster. Es musste schon seit einigen Stunden geschneit haben: Parkplatz, Straße und Häuser hier am Hafen waren dick überzuckert.

Alles war mit dichter weißer Watte belegt. Die Welt war friedlich, festlich, weihnachtlich.

„Oh – Mist!", sagte Kreutzke laut. Voll unterdrückter Wut trat er gegen ein Bein seines Schreibtisches. Auf dem Bildschirm seines Computers stoppte das Schneegestöber.

Er hob den Hörer ab und wählte die 27. „Hast du die Scheiße da draußen gesehen?", fragte schnell, als sich Judith meldete. Sie saß einen Stock unter ihm in der Pressestelle. „Du meinst den Schnee?", fragte Judith zurück. Das war einer ihrer Tricks in der Pressestelle. Mit einer Frage antworten. „Ich freue mich schon seit dem Mittagessen darüber. Es wird schwer, nach Hause zu kommen. Aber es gibt weiße Weihnacht. Herrlich!"

„Herrlich? Gar nichts ist herrlich", rief Lars aufgebracht. Wie konnte er sich nur in eine Frau verlieben, die ihn dermaßen missverstand. „Ich schreibe hier seit drei Wochen diesen beknackten Bericht zu den Auswirkungen des Klimawandels. Und jetzt gibt es schon wieder weiße Weihnachten."

„Aber das hat doch nichts miteinander zu tun, Lars", sagte Judith. Er konnte förmlich sehen, wie sie die Augen zur Decke verdrehte. Er fand das immer total süß an ihr. Allerdings nicht, wenn das Augenverdrehen ihm galt. „Du bist der Klimaexperte, Lars. Und du sagst immer, man darf Wetter nicht mit Klima verwechseln. Also wenn ich richtig verstanden habe, dann ist das da draußen Wetter. Und woran du arbeitest, das ist Klima."

„Frauenlogik", schnaubte Lars. Aber nur in seiner Einbildung. Sexistische Äußerungen am Arbeitsplatz waren nicht seine Sache. Und wurden von den Kollegen bei Greenpeace auch nicht gern gehört. „Ich weiß nicht, wann ich hier fertig werden, Ju", sagte er ins Telefon. „Wann machst du Schluss? Und sehen wir uns heute Abend bei mir?"

„Lars, heute ist Heiligabend. Ich habe dir doch gesagt, dass ich bei meinen Eltern in Blankenese bin", erinnerte ihn Judith. „Aber ich komme gern morgen zum Frühstück zu dir. Dann haben wir den ganzen Tag."

„Okay", sagte Lars. „Und frohe Weihnachten. Grüß deine Eltern und vor allem Kati von mir." Er legte auf und trat ans Fenster. Heiligabend und es schneite. Weiße Weihnachten. Er zog seinem Spiegelbild im Fenster eine Grimasse.

Er verstand die Ironie. Vor drei Jahren hatte er bei Greenpeace angeheuert. Als Klimaexperte. Zuständig für die wissenschaftliche Vorbereitung der Kampagnen. Was war der Treibhauseffekt? Wie wirkte er sich auf die Erde aus? Wer war verantwortlich? Was konnte man tun, um ihn zu stoppen oder seine Folgen zu mindern? Kreutzke war Mister Climate geworden. Er hatte die Fragen beantwortet, Papiere geschrieben, Kampagnen entworfen, Szenarien an die Wand gemalt und gewarnt: Schon jetzt sei unabwendbar, dass der Meeresspiegel steigt, dass sich die Klimazonen verschieben, dass das Wetter unberechenbar wird.

Und seit drei Jahren hatte es weiße Weihnachten gegeben. Selbst in Hamburg hatte in jedem Winter ein paar Tage lang der Schnee gelegen. Die Binnenalster war gefroren und mit einem Markt besiedelt. Bilder wie aus der guten alten Zeit. Kreutzke liebte die Kälte. Diese Tour auf Langlaufski von Hütte zu Hütte in Lappland kam ihm in den Sinn. Mit seinem Bruder war er vor zwei Jahren durch die verschneite Tundra gewandert und hatte es trotz 20 Grad unter Null genossen. Und beim Skiurlaub in der Schweiz hatte er vor ein paar Jahren gelernt, wie man ein Iglu baut. Wenn er die Wahl hatte, fuhr er Silvester nach Schweden in den Schnee. Nur weil das Eis zwischen ihm und Judith im vergangenen Jahr gebrochen war, hatte sie ihn im Februar nach Lanzarote verschleppt.

Und weil Lars den Winter liebte, hatte er sich auch bei Greenpeace beworben. So verstand er seine Arbeit: Er wollte helfen, dass der Winter in Mitteleuropa erhalten blieb. Die Fakten sprachen eine andere Sprache, das wusste er besser als die meisten. Schließlich hatte er Meteorologie studiert. Er wusste: Der wirkliche Winter, klirrender Frost von Dezember bis März, würde in Mitteleuropa selten. Wärmer, feuchter, ekliger würde das Wetter im Winter in den nächsten Jahrzehnten.

„Deshalb ist jeder verdorbene Winter, jedes Weihnachten ohne Schnee für uns ein Pluspunkt", hatte er noch vor zwei Wochen auf der großen Strategiebesprechung gesagt. „Wir müssen den Leuten klarmachen, dass wir jetzt etwas gegen die Klimakatastrophe tun müssen. Dafür gibt es keine besseren Bilder als ein Biathlon-Weltcup in den Alpen, der in grünen Wäldern stattfindet oder eine Vierschanzentournee auf Kunstschnee."

Draußen schneite es jetzt richtig dicke Flocken. Wenn man genau hinsah, konnte man die einzelnen Schneekristalle erkennen. Kreutzke unterdrückte seine aufkommende Wut auf das Wetter. Konnte es denn nicht mal kooperieren, wenn man nur sein Bestes wollte?

„Das ist doch absurd", hatte Arno bei der Sitzung gesagt. Arno war Judiths Chef und der Verantwortliche für Presse und Öffentlichkeit. „Wir sollen den Leuten sagen, freut euch über den verkorksten Winter, denn wenn ihr jetzt

nichts tut, wird es bald immer so werden?"
Arno hatte sein Gesicht gemacht, das er nur
bei internen Sitzungen aufsetzte: Das Bin-ich-
denn-von-lauter-Idioten-umgeben-Gesicht.
„Das kann man niemandem vermitteln. Das
bringt uns zurück in die Steinzeit der Müsli-
Ökos."

Natürlich war es absurd. Niemand wusste
das besser als Lars, der sich über jedes Grad
unter Null freute wie ein Schneekönig. Er hatte
sich auf der Sitzung auch den Hinweis verknif-
fen, dass die Steinzeit schließlich von der letzten
Eiszeit begleitet worden war und Hamburg
damals unter ein paar hundert Metern Eis gelegen hätte. Aber Umweltpolitik funktionierte
eben nur über Katastrophen. Und solange
Weihnachten weiß war, war für die Deutschen
alles in Ordnung. Vor zwei Jahren hatte er mit-
erlebt, wie der Umweltminister in Berlin im
Januar ein Klimaschutzprogramm vorstellte. In
der Nacht vorher hatte es stark geschneit. Und
natürlich war die erste Frage der Journalisten
gewesen: „Wie erklären Sie den Wählern die

Notwendigkeit von teurem Klimaschutz, wenn es draußen schneit?"

Die Tür ging auf und Judith stapfte ins Zimmer. Den Schal bis über beide Ohren hochgedreht, die Pudelmütze bis an die blauen Augen gezogen. Man sah eigentlich nichts von ihr. „Arno nimmt mich mit, er fährt in die Stadt", murmelte sie durch den Schal. Dann zog sie ihn herunter und gab ihm einen schnellen Kuss. „Mach nicht so lange heute. Es ist Weihnachten. Und es schneit! Mach doch einen schönen Spaziergang am Fluss oder so. Wir sehen uns morgen. Tschüs!" In der Tür dreht sie sich um: „Hast du den BBC-Bericht gesehen? Vielleicht hebt das deine Stimmung!"

Weg war sie.

Ja, der BBC-Bericht. Lars wühlte auf seinem Schreibtisch nach dem Ausdruck. Zwei amerikanische Wissenschaftler behaupteten, sie hätten erste Anzeichen dafür, dass sich der Golfstrom wegen des Klimawandels abschwäche. „Das soll einen aufheitern?", knurrte Kreutzke. Die Forscher spekulierten darüber, was das für die britischen Inseln bedeuten könnte. Ihr Bericht malte ein Szenario wie der Kinofilm „The Day after Tomorrow": Knallig kalte Winter wie in Alaska, Schnee und Eis überall. Mit leichten Abschwächungen würde das auch für Nordeuropa gelten. Die Schweden und Norweger könnten sich schon mal nach einem Exil umsehen. Und mit den gemütlichen Weihnachtsmärkten in Deutschland wäre es auch vorbei. Kreutzke dachte an Arno und musste grinsen. „Das ist doch niemandem zu vermitteln", würde der sagen.

Mit einem Seufzer hievte Lars Kreutzke seine Füße auf den Schreibtisch und starrte aus dem Fenster. Das Schneegestöber hatte eher noch zugenommen. Sein Kopf fühlte sich genau so an. Er musste was gegen diese Katastrophen-Schizophrenie unternehmen. Er gestand sich ein: Weihnachten war einfach kein Termin für Hiobsbotschaften. Niemand wollte das hören. An Weihnachten waren alle auf Frieden, Besinnung, Harmonie und Glück aus. Weihnachten war einfach die Anti-Katastrophe. Es war eine

Katastrophe. Und dann hatte Lars Kreutzke eine Idee, wie er sein Weihnachten retten könnte. So oder so. Er nahm die Füße vom Telefon und wählte aus dem Kopf die Nummer von Matthias, einem Studienkollegen. Matthias arbeitete jetzt beim Deutschen Wetterdienst. Und hatte sogar Dienst. „Matthias, ich brauche eine gute Voraussage für die Feiertage", sagte Lars. „Sag mir die Wahrheit. Ich kann sie ertragen."

„Sehr gemischte Nachrichten, Lars", sagte sein Freund, nachdem er sich ein wenig umgehört hatte. „Heute und morgen bleibt der Schnee. Am zweiten Feiertag ist die ganze Herrlichkeit dann weg. Schmuddelwetter, nass, eklig. Erst weiße Weihnacht, dann sehr feucht. Viel zu warm für die Jahreszeit. Tut mir leid, dir das sagen zu müssen."

„Macht nichts!", rief Lars begeistert. „Vielen Dank. Und frohe Weihnachten!"

Panik in den Wolken

Die Sitzung war reine Routine gewesen. Der Rechenschaftsbericht an den Aufsichtsrat. Umgruppierungen bei den Engelchören. Pläne für den Neubau auf Wolke sieben. Schriftwechsel mit der Mitarbeitervertretung. Gottvater war nicht bei der Sache. Immer wieder schweifte sein Blick vom Schreibtisch zu den hohen Fenstern, die das Sonnenlicht herein ließen. Der Blick über das unendliche Meer aus dichten Wattewolken war gut für den Blutdruck, hatte ihm sein Arzt gesagt. Nur keine Aufregung. Und kein fettes Essen. Am linken Horizont übten die Cherubim auf ihren Posaunen. Das dicke Glas der Fenster war zum Glück schalldicht. Dann ließ Petrus die Katze aus dem Sack. Er saß auf dem freischwingenden Rohrstuhl vor dem leer geräumten Schreibtisch des Herrn. Zog ungemütlich die Schultern hoch, zupfte an seinem Revers und wandte sich TOP 7 „Verschiedenens" zu. Petrus räusperte sich. „Da ist die Sache mit Weihnachten."

„Was ist mit Weihnachten?", fragte Gott. Er wandte seinen Blick von der himmlischen Aussicht zu seinem Geschäftsführer.

„Auf der Erde feiern sie wieder Weihnachten", begann Petrus. „Und diesmal..."

„Wenn ich das schon höre, ‚wieder Weihnachten'", rief Gottvater. Die Adern an seiner Stirn traten hervor. Draußen begann ein Donner zu grollen. „Da ist doch dauernd Weihnachten. Alles, was ich von der Erde höre, ist Weihnachten, Weihnachten, Weihnachten. Machen die da eigentlich noch was anderes?"

„Chef, ich ..."

„Jajaja, ich weiß schon." Gott dachte an seinen Blutdruck. Er musste sich beruhigen. Ausatmen. Positiv denken. „Sie feiern jedes Jahr. Für sie eine lange Zeit. Für mich leider nicht. Seit jemand behauptet hat, bei mir seien tausend Jahre wie ein Tag. Wer war das nochmal?"

„Es steht in Psalm 90,4."

„Ach, Gottchen. Na gut. Und deshalb ist jetzt bei mir alle eineinhalb Minuten Weihnachten?"

„Tut mir leid, Chef."

„Schon gut. Also, was ist los mit Weihnachten."

„Diesmal sieht es ernst aus. Wir haben seriöse Berichte darüber, dass sie tatsächlich Menschen schaffen. Sie nennen es klonen."

„Klonen? – Ich entsinne mich. Dieses Schaf."

„Dolly."

„Genau, Dolly. Ausgerechnet ein Schaf. Als hätten wir sie nicht an der Krippe postiert. Als seien sie nicht unser Symbol für die verlorene Herde. Als hätten wir Jesus nicht unter dem Label ‚Lamm Gottes' bei ihnen eingeführt. Ja, das war vor ein paar Minuten. Darüber habe ich mich ziemlich aufgeregt, oder?"

„Kann man so sagen, Chef. Sie hatten einen Blutdruck von 240."

„Haben wir was unternommen?"

„Nein, Chef. Wir hatten keine Handhabe."

„Hmm. Und was ist jetzt neu?"

„Sie haben einen Menschen geklont. Sagen sie zumindest. Und sie arbeiten daran, noch weitere zu klonen."

Gott schaute wieder aus dem Fenster. Plötzlich fühlte er sich alt. „Sie rücken mir auf die Pelle", sagte er leise. „Es geht also wieder los." Petrus sagte nichts. Er kannte den Chef. Für eine kleine Weile würde Gott jetzt Schäfchenwolken zählen. Dann würde er in seinem Sessel herumschwingen, sich einmal in die Nase zwicken, die Augen zusammenkneifen und das Problem angehen. Gott passte gut in diesen Raum: Das umlaufende Fensterband mit dem Blick auf den blauen Himmel, darunter die Wolken. Gott in seinem grauen Anzug mit dem violetten Schlips, das graue Haar kurz geschnitten, der weiße Bart ein wenig länger. Typ „aktiver Opa" aus der Werbung für Sahnebonbons. Gott schwang in seinem Sessel herum, zwickte sich in die Nase, kniff die Augen zusammen und sah Petrus in die Augen: „Das haben Sie jetzt erwartet, oder?"

„Ja, Chef", sagte Petrus ungerührt. Auch an Allwissenheit gewöhnt man sich irgendwann.

„Also, was machen wir?", fragte Gott. „Als sie die letzten Male Gott sein wollten, habe ich sie aus dem Paradies gejagt. Und beim Turmbau zu Babel die Fremdsprachen eingeführt. Auf Sodom und Gomorra habe ich Asche und Feuer regnen lassen. Und dann bei Noah hatten wir die Sintflut. Drastische Maßnahmen. Aber sehr wirkungsvoll."

„Wir brauchen etwas Neues, Chef. Das klappt nicht mehr."

„Es hat vor ein paar Tagen prima funktioniert."

„Das war früher. Erinnern Sie sich nicht an den Regenbogen? Das Zeichen für Noah, dass es keine weitere Sintflut geben würde? Damit haben wir uns einseitig und ohne Not dieser Option beraubt."

„Moment, Moment", rief Gott und hob die Hand. „Ich habe doch nur versprochen, es werde keine neue Sintflut geben. Von Asche und Feuer war nicht die Rede."

„Ich habe das von unseren Juristen prüfen lassen", sagte Petrus ruhig. „Sie sagen: Gemeint waren alle Arten von Katastrophen. Damit kommen wir niemals durch."

„Verdammt", sagte Gott. „So geht es also nicht." Was nützte es, der Allmächtige zu sein, wenn die Juristen das letzte Wort behielten. Er dachte nach. „Wir könnten sie auch einfach machen lassen, Petrus."

„Wie bitte, Chef?"

„Na, wir könnten darauf setzen, dass sie scheitern. Bisher haben sie noch keines der wirklich wichtigen Dinge geschafft. Sie können nichts erschaffen. Nicht mal ein bisschen Luft oder Wasser. Sie protzen mit ihren Hochhäusern – ha! Jeder meiner Grashalme ist ein weitaus größeres Wunder an Statik und Konstruktion. Sie wissen nicht mal, wie Liebe funktioniert. Die Menschen sind einfach dumm, Petrus."

Petrus fühlte, wie er ärgerlich wurde. Er war schließlich auch mal einer von diesen dummen Menschen gewesen. „Aber bei der Atombombe waren sie sehr erfolgreich, Chef. Das hat uns wirklich Sorgen gemacht. Und das Klonschaf hat Sie auch aufgeregt. Und jetzt sind sie dabei, an Menschen herumzupfuschen. An Ihrem Ebenbild, Chef!"

„Schon gut, schon gut, Petrus", Gott machte eine beschwichtigende Handbewegung. „Also: Sie werden erfolgreich sein. Wir können ihnen keine Sintflut schicken. Sie laufen uns den Rang ab. Was machen wir?"

Petrus' Zorn war noch nicht verebbt. „Uns", natürlich liefen die Menschen nicht „uns" den Rang ab, sondern IHM. Aber wenn etwas schief lief, dann waren sie im Himmel plötzlich eine große Familie. Hosianna wurde nur IHM gesungen. Aber wehe, es ging in die Hose. Dann waren plötzlich „wir" betroffen.

Laut sagte er: „Wir könnten mal bei den Mitbewerbern nachfragen, wie sie das Problem sehen. Vielleicht wäre ja eine Kooperation möglich."

„Ach nein", seufzte Gott und fuhr sich mit der Hand durchs Haar. „Die haben gerade wirklich andere Sorgen. Allah und Jahwe mit ihren Fundamentalisten. Das ist wirklich sehr unangenehm. Wir hatten das gestern, als ich diese höllischen Kopfschmerzen hatte, mit diesen, diesen, na ... Kreuzfahrten ..."

„Kreuzzügen."

„Ja, genau, mit diesen Kreuzzügen. Nein, da will ich jetzt nicht stören. Und Krishna, na gut, der hat die Ruhe weg, aber er kümmert sich auch nicht darum, was da passiert. Alles immer easy und so." Um Gottes Lippen spielte ein Lächeln.

Petrus zog den nächsten Vorschlag aus seiner Aktenmappe. Er war gut präpariert, das musste Gott zugeben. Ein bisschen penibel, ein bisschen humorlos, aber sehr effizient. Wie war Petrus ihm unter die Israeliten gerutscht? Er hätte bei den Germanen viel besser gepasst.

„Wir könnten die Produktion ganz verlagern, Chef", sagte er jetzt und schlug ein Dossier auf, das so dick war wie Gottes Unterarm. „Zu hohe Aufwendungen am Standort Erde. Schlechte Rahmenbedingungen. Unzufriedenes Personal.

Und die Rohstoffe gehen auch zur Neige. Wir machen den Laden hier zu und machen woanders weiter."

„Wo denn?", fragte Gott. „Wie weit sind unsere anderen Projekte?"

„Naja, noch nicht optimal", gab Petrus zu. Er holte ein paar dünne Blätter aus seiner Aktentasche. „Auf N-23 von Alpha Centauri hat die Ursuppe gerade mit dem Kochen begonnen." Er schaute auf: „Das kann noch ein paar Jahre dauern." Auf X-73 im Sternbild Frosch hatten sie immer wieder Probleme mit den dortigen drei Sonnen. „Die Techniker haben es bisher nicht hinbekommen, für konstante Temperatur zu sorgen. Manchmal friert alles ein. Vorgestern sind dann alle Pflanzen verbrannt, weil alle drei Sonnen gleichzeitig volle Leistung liefen." Petrus schüttelte den Kopf. Der Technikvorstand würde dafür bei der nächsten Aufsichtsratssitzung eine gute Erklärung präsentieren müssen.

„Und was ist mit dem Betegeuze-Mond?", fragte Gott. Die Frage musste ja kommen.

„Leider, Chef, nur geringe Fortschritte."

Petrus hasste es, dem Chef sein Lieblingsprojekt so präsentieren zu müssen. „Irgendwie kriegen wir die Dinosaurier nicht zum Verschwinden. Das mit dem Kometen hat nicht geklappt. Sie vermehren sich fröhlich und denken gar nicht daran, den Säugern Platz zu machen. Da brauchen wir noch ein paar Monate."

Gott seufzte. „Also, das ist keine Alternative. Außerdem brauchen wir die Zustimmung des Aufsichtsrats, wenn wir die Produktion verlegen. Der Standort Erde ist also besser als sein Ruf. Hol's der Teufel."

„Chef, haben Sie mal in diese Richtung gedacht?", fragte Petrus vorsichtig. Luzifer war kein Thema, über das Gott gern redete. „Meinen Sie, der könnte die Finger da drin haben?"

Gott ließ seinen Blick wieder kurz hinauswandern zu den Wolken. Inzwischen übten die Rekruten der Schutzengel riskante Ausweichmanöver. Erstaunlich, was diese jungen Burschen immer so zustande brachten. Dann wandte er sich wieder an seinen Geschäftsführer.

„Ach nein, Petrus. Der hat doch noch mehr Probleme als wir. Niemand nimmt ihn ernst."

Petrus sagte nichts.

„Und wozu habe ich eigentlich diese ganzen klugen Gehirne entworfen?", fragte Gott. Man konnte hören, dass das Thema ihm auf die Nerven ging. „Hier, dieser Sokrates, Nostradamus, Kant, Einstein. Was sagen die denn dazu?"

Petrus kramte in seinem Aktenkoffer. „Chef, bei Sokrates muss ich erst checken, wo ich ihn finde. Ich glaube nicht, dass wir ihn haben. Und Einstein ist ganz sicher nicht bei uns registriert. Der ist drüben bei Jahwe."

Stille.

Beide saßen da und schauten den Schutzengeln beim Fliegen zu.

„Warum sind sie so, Petrus?", fragte Gott leise, ohne seinen Geschäftsführer anzusehen. „Warum wollen die Menschen immer so sein wie Gott? Sagen Sie es mir."

Petrus hatte geahnt, dass diese Frage kommen würde. Er hatte sich seine Gedanken gemacht. „Die Neugier, Chef. Der Drang, immer noch hinter den nächsten Vorhang schauen zu wollen. Ehrgeiz. Eitelkeit. Sie sind nie zufrieden mit dem ,was sie haben. Sie sind ..." Er sprach nicht weiter. Musste er auch nicht. Schließlich war Gott allwissend.

„Sie sind wie ich, meinen Sie?" Gott zog seine Stirn in mächtige Falten. Hatte er damals zuviel von sich in diese kleinen braunen Körper aus Lehm gepackt, als er ihnen das Leben einhauchte?

„Okay, Petrus, wir brauchen eine Entscheidung!" Plötzlich war der Chef wieder der Alte. „Also. Für das Protokoll: Das übliche Vorgehen. Ein paar Blitze in die Laboratorien. Ein paar schnelle Abberufungen bei den wichtigsten Forschern. Die sollen dann bei uns Gegenstrategien für ihre ursprüngliche Arbeit entwickeln. Die kommen doch alle zu uns, oder?"

Petrus nickte. Alles Christen. Ein paar Nichtregistrierte darunter. Aber die könnte er leicht mit dem Verweis auf „christlichen Hintergrund" bei der Clearingstelle für sich verbuchen.

„Und ein bisschen Verwirrung in der Forscherwelt, bitte. Ein paar falsche Fährten, ein paar missglückte Experimente. Und die Forschung in eine andere Richtung leiten. Was können wir da machen? Wie ist es mit Raumfahrt?"

„Raumfahrt ist immer gut. Kostet viel Geld und Aufmerksamkeit."

„Gut, dann lassen wir doch mal ein paar Informationen über die Dinosaurier vom Betegeuze-Mond zu ihnen durch. Das wird sie für ein paar Stunden ablenken. Alles weitere sehen wir dann. Sechs Kopien an den Aufsichtsrat. Vielen Dank."

Petrus stand auf. Die Sitzung war vorbei. Das Problem würde nicht gelöst, aber immerhin verschoben. Er war zufrieden. Petrus packte seinen Koffer, schnippte nach den Trageengeln und verabschiedete sich vom Chef.

Gott schaute schon wieder auf die Wolken. Als die Tür sich hinter Petrus schloss, murmelte er in seinen gepflegten Bart. „Sintflut, Produktionsstandort verlegen, ein Pakt mit dem Teufel –

was diesem Petrus immer so durch den Kopf geht." Dann fiel sein Blick auf das Dossier „Weihnachten – Menschen schaffen Menschen" und ein breites Grinsen langsam über sein Gesicht. Gott fühlte sich unbeobachtet. Mit einem Anflug von Stolz entfuhr ihm ein Seufzer. „Ich liebe diese aufsässige Brut."

Cool in der Kühlkammer

Natürlich war es Bickes Idee gewesen. Bicke hatte schließlich auch die anderen Aufträge an Land gezogen, die sie über Wasser hielten: Die Broschüre für den Optikerverband, die digitale Straßenkarte mit eingetragenen Staugefahren und den ersten deutschen Bordellführer, den „Puff-Michelin", wie ihn die Zeitungen genannt hatten. Palinsky dagegen hatte bisher nur die kleinen Fische an der Angel gehabt: Den Fahrgastbetreuer-Rundbrief für Südhessen oder die CD-ROM über multikulturelle Frauenprojekte. Geld verdienen konnte das junge, dynamische und erfolglose Werbebüro „BP – Bicke und Palinsky" damit nun wirklich nicht. Und die Klage des Ölkonzerns BP, auf die sie gehofft hatten, um damit in den Medien bekannt zu werden, ließ auch auf sich warten.

Es schien BP nicht zu stören, dass jemand ihren Namen benutzte.

Das hatten sie anders geplant.

Aber jetzt winkte der Hammer. Sogar ein „Mega-Hammer", wie Bicke sagte, als er am Morgen gut gelaunt an seinem Schreibtisch erschien. Das Büro in der hippesten Gegend von München war viel zu groß, die Einrichtung zu teuer, die Sekretärinnen zu sexy und die Computer völlig überdimensioniert.

„Was willst du, Palinsky, man muss schon zeigen, was man hat", sagt Bicke. „Und noch ein bisschen mehr. Schließlich machen wir Werbung. Wir verkaufen Träume." Bicke fummelte an seinem blauen Anzug, den er gerade für zwei Monatslöhne gekauft hatte. „Da kannst du nicht an Resopal-Tischen sitzen, wenn hier die Jungs mit den Millionenetats kommen."

Jetzt kamen sie also. Sagte Bicke. „Wodka Andropov, Palinsky. Großer englischer Konzern. Will den deutschen Markt aufrollen und uns alle mit seinem Wodka abfüllen." Palinsky trank nur Evian. Aber gut. „Ich habe gestern neben dem European Sales Manager im Flieger aus Frankfurt gesessen. Die suchen händeringend eine kleine kreative Klitsche für eine schnelle Kampagne. Ich habe ihm von uns erzählt. Der war ganz heiß, als er vom Puff-Michelin hörte." Bicke wischte sich den Schweiß von der Stirn. Es war erst kurz vor zehn und schon heiß. Diese verdammten großen Südfenster, die sie extra hatten einbauen lassen. Wegen des Blicks über die Stadt, bis zur Frauenkirche. „Ich sag's ja immer, Palinsky. Business Class fliegen lohnt sich eben doch."

Auch wenn sie sich manchmal kaum die Bahnfahrkarte leisten konnten, dachte Palinsky. „Was will er denn für eine Kampagne?", fragte er, um von Bickes galoppierender Eitelkeit abzulenken. Vielleicht sollten sie besser arbeiten statt hier herumzuschwätzen, dachte er.

„Ein irres Ding", rief Bicke. „Die planen einen Weihnachts-Wodka. Soll im November auf den Markt. Marketing beginnt im September. Umstellung der Produktion läuft schon. Sie brauchen eine Kampagne bis Mitte August ..."

„Moment mal", sagte Palinsky „Wir haben schon Anfang August."

„Lass mich ausreden, Pal!", sagte Bicke in seinem Chef-Ton. „Die Kampagne bis Mitte August. Eine Idee für die Kampagne bis Ende Juli. Also bis vorgestern."

„Aha", machte Palinsky.

„Wir verdienen damit im sechsstelligen Bereich", schrie Bicke und trommelte sich auf die Brust. „Wir können uns jeder ein Cabrio kaufen und hier endlich mal die Miete zahlen. Und wenn wir gut sind, sind wir dick im Geschäft. Los, Pal, an die Arbeit. Das ist unsere Chance. Der Weihnachts-Wodka!"

Sie hatten ganze zwei Tage und ein Wochenende. Montag früh Punkt nine o'clock wollte Dr. Saunders, der European Sales Manager von Eurothirst Inc. die Vorschläge in seinem Büro präsentiert bekommen. „Draw on your imagination", hatte er gesagt. „And make it cool."

Zwei hektische Tage verbrachten sie damit, den Hintergrund zu recherchieren und den

Markt zu analysieren. Sie besorgten sich ein paar Kisten Eurothirst-Wodka, der bisher noch unter seinem alten Etikett „Fürst Oblomow – echter russischer Wodka" verkauft wurde. Das Etikett zeigte einen bärtigen Kosaken, der grimmig in sein Glas starrte. „Dieses Etikett ist echt der Killer", sagte Palinsky. „Das signalisiert auf hundert Meter: Hier kommt der Fusel, den die Bahnhofspenner saufen. So was kannst du vielleicht in Russland verkaufen, wo sie Angst haben, von ihrem Selbstgebrannten blind zu werden. Aber doch nicht hier."

„Genau deshalb brauchen sie ja uns, Schlauberger", sagte Bicke. „Und jetzt mach weiter. Auf uns warten Geld, Gold, ein sorgenfreies Leben. Und die Mädels nicht zu vergessen."

Freitagnacht hatten sie immer noch keine Idee, die präsentabel war. Sollten sie auf die russische Seele des Wodka abheben? „Was ist denn Russland? Elend, Not und Autoklau", sagte Bicke. „Nee, nee, so nicht." Eis, Schlittenfahren, Bären, das hatte die Konkurrenz schon alles eingesetzt. Und Weihnachten? Bicke hatte die

Idee, eine Flasche Andropov in die Krippe zu legen und das Christkind auf dem Boden davor zu platzieren. Überschrift: „Der Erlöser ist geboren." Erst fanden sie das eine „Hammer-Idee" und vor allem cool. „Ist das jetzt Blasphemie oder nicht?", fragte Bicke, als er den Entwurf an die Wand hängte. „Ich finde es schrecklich", sagte Palinsky. „Aber das Problem ist, die Kirchen sehen das nicht so." Palinsky, in seiner Jugend engagiert bei den Pfadfindern, hatte diskret seine Kontakte in die Kirchen spielen lassen. Ergebnis: negativ. Weder die katholische noch die evangelische Kirche hatten wirklich überzeugend signalisiert, dass sie gegen die Werbung klagen würden. „Die sind halt auch abgestumpft", meinte Palinsky, als sie Freitagnacht um kurz vor elf eine Pizza bestellten und sich die Bartstoppeln kratzten. „Sie finden es scheußlich, aber sie wollen keine kostenlose PR für uns machen. Damit ist die Idee wohl tot."

Als sie am Samstagmittag immer noch nichts hatten, kam langsam Panik auf. Sie hatten seit zwei Nächten kaum geschlafen, bergeweise

Papier gewälzt, eimerweise Evian getrunken gegen die Hitze, sich die Haare gerauft und die Ideenblocks vollgekritzelt, sie hatten braingestormt und waren in Klausur gegangen, hatten meditiert und mit den leeren Evian-Flaschen Fußball gespielt. Ergebnis: Null.

Kurz vor zwei hatte Bicke dann die finale Idee. Seine Gedanken waren zu seinem letzten Urlaub geschweift. „Die Kältekammer!", brüllte er durchs Büro. „Bei Traveller's World haben sie doch diese Kältekammer!"

„Und?", fragte Palinsky. „Meinst du, wir denken besser, wenn es nicht so heiß ist? Das bringt doch nichts."

„Neinneinnein, ich weiß schon", sagte Bicke. Verzweifelt suchte er nach dem Katalog des Ladens. „Dieser Typ da, wie hieß er noch, der Geschäftsführer, der schuldet mir einen Gefallen. Letztes Jahr habe ich bei ihm Ausrüstung für ein paar tausend Euro gekauft und noch zwei andere Leute angeschleppt." Er drückte schon die Tasten seines Handys. „Ja, hallo, Bicke hier, ich würde gern dringend den

Geschäftsführer sprechen." Palinsky blinzelte nur müde und verständnislos.

Zwei Stunden später standen sie im Laden. Vorn kaufte gerade eine Müsli-Mutter ihrem Sohn einen Kinderrucksack, dann wurde hinter ihr die Tür abgeschlossen. Feierabend. „Nicht für uns", dachte Palinsky und setzte sich auf einen zusammenklappbaren Campingstuhl. Der Geschäftsführer, Rainer Soundso, kam zu ihnen. „Ihr wisst, dass ich das eigentlich nicht darf", sagte er schwermütig. „Die Kühlkammer ist nur für Kunden und nur während der Öffnungszeiten zu benutzen. Die Leute können hier testen, wie warm unsere Schlafsäcke sind, ehe sie einen kaufen. Aber für euch mach' ich mal eine Ausnahme. Meine Schwester ist auch so ein Werbe-Fuzzi, die machen ja die blödesten Sachen." Rainer schloss die Kühlkammer auf: acht Quadratmeter, auf dem Boden grauer Teppich und ein paar Schaumstoffmatten zur Isolation.

„Ihr seid sicher, dass ihr keine Schlafsäcke braucht? Hier drin wird's wirklich kalt."

„Nee, danke, alles klar. Wir wollen es ja nicht kuschelig haben. Wir wollen ja arbeiten", sagte Bicke. Er stellte die zwei großen Tüten auf den Boden, die sie mitgebracht hatten. „Wir müssen uns doch wie im Winter fühlen. Jacken haben wir ja. Wir erfrieren schon nicht."

„Okay, ich stell den Kasten auf 20 Grad minus", sagte Rainer und drehte draußen am Thermostat.

Als Rainer gegangen war und die Tür des Ladens von außen zugeschlossen hatte, packte Bicke in der Kammer seine Tüten aus. „Alles, was zur Weihnachtsstimmung fehlt, ist der Schnee", sagte er. „Aber den müssen wir uns eben vorstellen. Ab und zu kannst du ja auch wie ein Wolf heulen. Warst doch mal Wölfling bei den Pfadfindern."

„Sehr witzig", meinte Palinsky. Er zog sich die langen Unterhosen an, denn es wurde schon merklich kühl. Dicke Socken statt Sandalen, Handschuhe, die die Fingerkuppen zum Arbeiten frei ließen. Die beiden Werbemanager zwängten sich in Thermohemden, dicke

Fleece-Pullover und Daunenjacken. Auf den Boden stellten sie einen CD-Spieler, der sofort mit „Sti-hi-le Nacht" Weihnachtsstimmung verbreitete. Packungen von Spekulatiuskeksen und Dominosteinen legten sie an die Seite, gleich neben die Mandarinen. Palinsky hatte die Weihnachts-Devotionalien von einem befreundeten Großhändler erbettelt. Die Thermoskanne mit Weihnachtstee kam auf die andere Seite, wo schon die Zimtmarmelade wartete. Sie klappten ihre Campingstühle auf, setzten sich mit ihren Blocks in die Mitte des kleinen Raumes und überließen sich der augustlichen Weihnachtsstimmung. Nach drei Liedern hatten sie vergessen, dass alle anderen jetzt im Biergarten saßen. „Jetzt fehlt nur noch eines", sagte Bicke und kramte in der Tasche. Er zog eine Spraydose hervor und nebelte sich und seinen Partner ein. Ein beißender Duft von Tannennadeln und Bienenwachs erfüllte den kleinen Raum. „Das ist wie Sauna, nur umgekehrt", dachte Palinsky und kroch zitternd tiefer in seine Jacke.

„Okay, unser Motto ist: Make it cool", sagte Bicke und schraubte die erste Flasche Andropov auf. Er nahm einen langen Zug und reichte die Flasche Palinsky. Der Wassertrinker probierte vorsichtig. Gekühlt schmeckte das Zeug sogar erträglich. Und es rann so schön warm in den Magen.

Langsam kamen die Ideen. „Der Weihnachtsmann fährt am Heiligen Abend auf seinem Schlitten, aber er landet nicht bei den Kindern, sondern ganz woanders", überlegte Palinsky. „Vielleicht am Südpol, weil alle seine Rentiere total besoffen von Wodka Andropov sind. Cool."

Hmm. Darauf noch ein paar Schluck. Eine Viertelstunde Nachdenken. Ein paar Schluck.

„Der Weihnachtsmann steht vor Gericht und kriegt den Führerschein entzogen", krähte Bicke. „Volltrunken am Lenker. Er verteidigt sich: Den Job hältst du sonst nicht durch. Das harte Leben wird nur mit Andropov erträglich. Cool?"

Hmm. Das musste noch besser werden. Wieder nachdenken, Löcher in die Luft starren, an

Kulis kauen. Die nächste Flasche. „Eine Weihnachtsfeier, völlig ohne Pep", sang Palinsky mit
geschlossenen Augen. „Alles schnarcht vor sich
hin, ein Bürohengst sagt Weihnachtsgedichte
auf. Dann kommen", er musste aufstoßen, „ups,
Verzeihung, dann kommen swei sexy Sekretärinnen und bringn Wodka und alles tanzt voll
cool aufm Tisch."

Hmm. Schon besser. Noch ein paar tiefe
Züge. Die Augenlider wurden immer schwerer.
Seit drei Tagen hatten sie nicht geschlafen.
„Aannere Variante davon", nuschelte Bicke.
„Ein I-I-I-I – wie heißen diese Schneehäuser
vonne Essimos? Iglu! Ja! Also ein I-I-Iglu und
alles ganz dunkel, weil Winner bei den Essi-
mos. Dann kommt der Wodka und alles iss hell
und froh und waam!" Bicke rutschte die leere
Flasche aus der Hand. Sein Kopf nickte zur
Seite.

„Heh, Bicke, nich einschlaafen!", rief
Palinsky und schraubte die nächste Flasche auf.
„Nochne Idee: Väterchen Frost, der russische
Weinnachsmann, kommt ausse Blockhütte und

sucht und sucht und sucht .... den SchSch-
Schlüssel su seinem Schlidden ..."

„Der russche Weinmann, Mann!" schrie
Bicke und schnappte sich die Flasche. „Väterchen Frust, der Mann für die Wein-Nacht, aber
er trinkt Wodka, weil er Russe iss, denn russsch
sein heiss Wodka tringe und nich Wein und dis
müssn alle verstehn un'n Wodka kaufn. Übrij-
ens, kaufen un saufen, des reimtsch, da is noch
viel Ptensial drinne!"

„Hoah, Bicke, is dir auch so kalt?", fragte
Palinsky. „Diese Stühle sind to-to-tal unne-
quem." Er legte sich auf den Boden und stieß
dabei die drei leeren Flaschen um, die klirrend
übereinander fielen.

„Musse was trinken", sagte Bicke und reichte
ihm die Flasche. „Macht schön waam." Er
räkelte sich auf dem Stuhl zurecht und legte die
Beine auf dem jetzt leeren Campingstuhl hoch.
„Is aber auch scheisskalt hier drinne", murmelte
er. Wieder sank ihm der Kopf auf die Lehne des
Stuhls. „Nächste Weinnache flien wa na
Majorca, Pal", seufzte er noch. Dann wurde

ihnen ganz leicht im Kopf. Ganz schwer in Armen und Beinen. Und ganz warm im Bauch.

„Gute Arbeit, Saunders!" McIntyre klopfte dem Manager auf die Schulter. Beide standen in Saunders' Büro und sahen dem Schneetreiben über München zu. Der zweite Advent machte seinem Datum alle Ehre. „Ich bin sehr zufrieden mit Ihnen", sagte der Vorstandschef von Eurothirst. „Die Markteinführung hier war ein Riesenerfolg. Hätte nicht gedacht, dass wir den gesättigten deutschen Markt so erfolgreich penetrieren." Er wandte sich zum Gehen. Noch konnte er sein Flugzeug nach London erwischen. „Halten Sie mich auf dem Laufenden. Nicht nur über Wodka Andropov. Auch über Ihre eigenen Pläne. Und grüßen Sie Ihre reizende Gattin." An der Tür drehte es sich noch einmal um und lachte. „Diese Geschichte mit den beiden Marketingmenschen ist wirklich zu komisch", sagte er. „Jedes Mal, wenn ich sie in meinem Golfclub in London erzähle, ernte ich riesiges Gelächter. Wie geht es denen eigentlich?"

„Ganz gut", sagte Saunders und straffte sich. „Dem einen sind ein Finger und zwei Zehen erfroren. Der andere hat noch ein paar Probleme mit einem Ohr und mit seinem Gesäß."

„Die werden doch nicht klagen, oder?" Auf McIntyres Gesicht erschien ein Schatten.

„Keine Angst, Mister McIntyre", Saunders hob beruhigend die Hände. „Wir haben sie eine Ausschlussklausel unterzeichnen lassen, als wir sie nach dem Unglück in unserer PR-Abteilung angestellt haben. Sie werden gut bezahlt. Sie fühlen sich wohl."

„Das ist gut", McIntyre strahlte. „Man muss immer an die Mitarbeiter denken. Schließlich haben die beiden uns mit ihrem tragischen Unfall eine Menge Publicity verschafft. Die erste Markteinführung eines Produkts, für die wir praktisch keine Werbung machen mussten. Was hat uns das gespart?"

„Knapp vier Millionen Euro für die Kampagne", sagte Saunders. „Die haben wir ja nicht mehr gebraucht. Das lief durch alle Medien hier in Deutschland."

„Es war sogar in der TIMES, Saunders."
McIntyre kicherte. „Und wie ging noch diese
Schlagzeile, von der Sie mir erzählt haben?"

„Andropov – der Wodka, für den man sich
den Arsch abfriert."

Natürlich gibt es den Weihnachtsmann!

 Hinterher war Julia schwer erschüttert. Unsere Freundin hatte uns wie jedes Jahr zum zweiten Advent besucht. Und nach dem gemütlichen Teil beim Baumkuchen essen wollte die kinderlose Julia unseren Kindern unbedingt die Gretchenfrage stellen: „Sag mal Jonas, wie kommen denn deine Weihnachtsge-schenke unter den Weihnachtsbaum?"

Jonas verdreht die Augen. Was für eine doofe Frage! Er war ein Schulkind. Er wusste, wie der Hase lief. „Die bringt der Weihnachtsmann", sagte er mit fester Stimme. Da schwang mehr Überzeugung mit als auf die Frage, wie viele Finger seine linke Hand hat („meinst du die Hand hier? Oder die andere?").

Julia war baff. „Du glaubst wirklich noch an den Weihnachtsmann?"

„Ja klar", sagte Jonas. „Das geht ganz einfach. Hör mal zu: Ich schreibe einen Wunschzettel. Mama und Papa schicken ihn zum Weihnachtsmann am Nordpol. Der kauft die Geschenke und liefert sie Weihnachten hier mit dem Schlitten ab."

„Und, und, und ... meine Geschenke bringt das Christkind!", rief unsere dreijährige Tochter Tina aufgeregt. Die Logistik beim Christkind war im Großen und Ganzen die gleiche wie beim Weihnachtsmann, erfuhren wir.

Als die Kinder wieder beim Lego-Bauen in ihrem Zimmer waren, machte uns Julia schwere Vorwürfe. „Hört mal, ihr könnt eure Kinder doch nicht so verdummen lassen. Jonas ist doch schon in der Schule. Der kann doch nicht mehr an den Weihnachtsmann glauben!"

„Natürlich kann er", sagte meine Frau Anna. „Das siehst du ja. Aber glaub' nicht, wir hätten ihm das erzählt. Das hat er aus dem Kindergarten mitgebracht." Und da in unserer Familie in

Glaubensdingen Toleranz herrscht, waren wir auch nicht eingeschritten. In Zeiten wie diesen ist man ja froh, wenn die nächste Generation noch irgendwelche Werte hat, an denen sie sich festhalten kann. Und sei es der Weihnachtsmann. Julia war über unsere Duldsamkeit gegenüber der Weihnachtsmann-Häresie noch tiefer erschüttert als über den falschen Glauben unseres Sohnes. „Aber das ist doch eine totale Traumwelt!", rief sie. „Nichts davon ist wahr. Das sind irgendwelche Mythen, zusammengerührt mit einem saftigen Schuss Kommerz."

„Und?", fragte ich. „Was schadet das?"

„Was schadet das?", keuchte Julia. In ihr kam die Naturwissenschaftlerin zum Durchbruch. „Euer Sohn wird total lebensuntüchtig, wenn er an solchen Quatsch glaubt. Bald macht er nichts anderes mehr, als auf seine Geschenke zu warten, die von irgendwo am Nordpol kommen." Bei seiner kleinen Schwester sei noch nicht alles verloren. Aber Jonas müsse schleunigst zur Vernunft kommen.

„Ach naja", wiegelte Anna ab. „Das wird schon nicht so schlimm werden. Und irgendwann wird ihn jemand aufklären und das war es dann mit dem Weihnachtsmann. Wahrscheinlich hört dann auch Tina sofort auf, ans Christkind zu glauben."

„Nicht so schlimm?", fragte Julia mit einer bedrohlichen Ruhe in der Stimme. Ihre Finger tanzten auf unserem Küchentisch. „Wenn euer Sohn aus diesem Traum aufwacht, erwartet ihn eine Riesen-Enttäuschung. Alles, was er bislang über Weihnachten geglaubt hat, ist dann falsch. Alle Personen, denen er das zu verdanken hat, sind dann bei ihm unten durch. Also auch ihr."

„Jetzt übertreibst du aber", sagte ich. „Er ist doch nicht das erste Kind, das an den Weihnachtsmann glaubt und irgendwann einsieht, dass die Eltern die Geschenke verstecken. Diese Erfahrung machen doch alle."

„Ja, eben!", rief Julia. „Alle machen mit! Der Druck, der da erzeugt wird, ist doch enorm. Ich dachte, ihr wolltet ihm beibringen, nicht immer das zu tun, was alle machen."

„Stimmt ja", sagte ich wieder, weil ich sah, dass diesmal Anna mit den Augen rollte. Nichts ist schlimmer als moralisierende Kinderversteher ohne eigene Kinder. „Aber ich glaube, dass Jonas sich dabei wohl fühlt."

„Das kann ich mir nun wirklich nicht vorstellen", behauptete unsere Freundin. „Dieses System Weihnachtsmann macht doch auch Angst. Die Kinder glauben doch, dass sie keine Geschenke bekommen, wenn sie nicht brav waren."

„Leider hält der Weihnachtsmann seine erzieherische Linie auch nicht konsequent durch", seufzte Anna. „Aber das macht ihn wahrscheinlich nur noch glaubwürdiger." Aber dann war es mal genug mit der Diskussion unserer pädagogischen Unzulänglichkeiten. Anna wandte sich an ihre alte Freundin. „Wir haben uns jetzt so lange nicht gesehen. Was machst du denn jetzt eigentlich?"

„Oh, total spannend!", rief Julia und klatschte in die Hände. „Ihr wisst doch, dass ich umgeschult habe. Ich bin jetzt Software-

Entwicklerin." Sie arbeitete inzwischen bei „TreasurePixel", einer mittelgroßen Firma, die sich auf Computerspiele mit Schatzsuchen, Detektiv- oder Monstergeschichten speziali-siert hatte. Julia war zuständig für die Auswahl der Spiele und für den Überblick, wo welche Programme entwickelt wurden. Begeistert erzählte sie von hochaufgelösten 3D-Welten, von Publikumsbindung und von Spielen, die so fesselnd waren, dass sie darauf achten musste, dass ihre Testspieler sich regelmäßig ernährten. „Das ist manchmal schon ganz schön gruselig, ich schau zuhause erst immer unter mein Bett, bevor ich schlafen gehe", lachte Julia. „Aber es ist der totale Hype im Moment. Alle machen mit." Sie redete noch zehn Minuten von „TreasurePixel".

Anna und ich schauten uns an. Als Julia kurz Atem holte, fragte Anna: „Du willst uns sagen, dass du an der Schaffung einer Traumwelt arbeitest, die Menschen so fesselt, dass sie nicht mehr essen, dass sie sich ein Leben jenseits die-ser Phantasie nicht mehr vorstellen wollen, dass

sie davor Angst bekommen und trotzdem wei-
termachen, weil alle mitmachen?"

„Das ist ein bisschen drastisch gesagt, aber es
trifft den Kern", antwortete Julia.

Anna verkniff sich ihr Lachen. Todernst
sagte sie: „Lass das mal nicht den Weihnachtsmann hören."

Geschenke? Geschenkt!

Für die Entscheidung brauchten Renate und Stefan nur zwanzig Minuten. Sie lümmelten auf dem Sofa, tranken Tee und planten wie jeden Sonntagabend die kommende Woche. Es war Mitte November, das Leben plätscherte so dahin. Dann sagte Stefan: „Und wie machen wir das jetzt mit Weihnachten?"

„Du meinst, ob es Geschenke gibt?", fragte Renate.

„Ich bin dagegen" sagte Stefan. „Oder besser noch", er schwang die Füße auf den Boden und setzte sich aufrecht hin, „ich bin dafür, dass wir uns nichts schenken. Nicht aus Askese. Sondern weil wir es nicht wollen. Ich jedenfalls will nichts. Und ich brauche auch nichts."

Sie hatten schon öfter darüber geredet. Und eigentlich waren sie sich einig. Es gab jede Menge Gründe, sich zu Weihnachten nichts zu schenken, sich aus dieser Geschenk-Maschine zu verabschieden, die sie im Fernsehen und im Radio ab November bedrängte. Die aus ihrem Briefkasten kroch und ihnen Tag für Tag auf den Straßen, beim Einkaufen und beim Gespräch mit Freunden die Weihnachtsfreude raubte.

Wer wollte sie denn zwingen, den ganzen Quatsch mitzumachen? Die Kollegen? Renate hatte damit keine Probleme. Als Angestellte im Stadtplanungsamt konnte sie mit den vermiedenen Müllkosten argumentieren, und alle wussten, worum es ging. Stefan hatte es da als Abteilungsleiter bei einer Spielzeugfirma etwas schwerer. „Ohne Weihnachtsgeschäft wäre das ganze Jahr Fastenzeit", sagte sein Chef, der dicke Dietrich immer. „Denken Sie daran, Rosinke!" Also hielt sich Stefan in der Firma bei den Gesprächen über die Weihnachtspläne ein bisschen zurück.

Trotzdem waren sie sich in diesem Jahr sicher: Weihnachtsgeschenke würde es nicht geben. „Wir haben ja alles", sagte Renate und ließ zufrieden den Blick über das neue Wohnzimmer wandern. Gerade erst hatten sie die Couch gekauft. Den Esstisch mit den Stühlen vor einem halben Jahr, als sie endlich zusammen gezogen waren. „Ich hasse diesen blinden Konsum, Hauptsache man kauft und kauft", sagte Stefan und dachte kurz an den dicken Dietrich. „Und dann der Stress, unter den man sich immer setzt mit diesem Weihnachts-Shopping. Hat man eine Idee? Findet man was? Ist das nicht zu billig oder zu teuer? Nee, das muss nicht sein." Und Renate hatte noch ein abschließendes Argument: „Wer weiß, wie lange wir uns diesen Luxus noch leisten können, uns nichts zu schenken. Wenn wir erst mal Kinder haben, ist es damit natürlich vorbei. Für Kinder müssen Weihnachtsgeschenke sein."

Stefan war ein bisschen irritiert. Sie kannten sich jetzt seit zwei Jahren. Und Renate fing in letzter Zeit immer wieder damit an, von Kindern zu reden. Vielleicht lag das daran, dass sie als erste von ihnen beiden gerade 28 geworden war. Aber die Entscheidung gegen die Weihnachtsgeschenke gefiel ihm. Er dachte an die Vorjahre. Vor zwei Jahren waren sie gemeinsam mit ihren Geschenken, die sie von Freunden und Verwandten bekommen hatte, zu einer Tauschbörse gegangen. Renate hatte dort ihren gelben Schal gegen eine Bob-Marley-CD getauscht. Er war diesen dämlichen blau-gestreiften Pullover von Tante Hilde losgeworden. Allerdings hatten sie hinterher immer noch genauso viel Kram wie vorher.

Im letzten Jahr war es schon viel besser gewesen. Sie hatten auf Renates Idee hin „Nicht-Wunschzettel" geschrieben und an alle potenziellen Geschenk-Geber verteilt. Bei ihm standen ganz oben auf der Liste der „auf keinen Fall schenken Dinge" Socken, Hemd und Unterhosen. Auch Duschzeug wollte er sich lieber selbst kaufen und „Briefpapier" hatte er eigentlich nur als Abschreckung für Tante Hilde aufgenommen. Renate hatte sich dagegen verwahrt, mit Stofftieren bedacht zu werden. Ihr Cousin war Vertreter für Kuscheltiere. Sie hatte einen ganzen Koffer davon. Außerdem hatte sie „Überraschungen" aufgeschrieben, was Stefan für eine sehr kluge Idee hielt.

In diesem Jahr würde es also die Nulldiät sein. Stefan freute sich schon auf Weihnachten. Und Renate sagte: „Wir brauchen keinen Alkohol, um fröhlich zu sein. Wir brauchen keinen Trauschein, um uns zu lieben. Und wir brauchen keine Geschenke, um uns zu freuen."

Dann kam Weihnachten.

Heiligabend hatten sie ihren neuen Tisch gedeckt. Stefan hatte sich eine Stunde lang in der Küche verkrochen und seine allerbeste Gemüselasagne gemacht. Sie hatten sie zum Rotwein verspeist, die Yucca-Palme mit einer Lichterkette drapiert und klassische Musik aufgelegt. Alles war friedlich weihnachtlich und konsumfrei und wunderbar.

Nur an Renate nagte das schlechte Gewissen. Denn am ersten Advent hatte sie zufällig beim

Suchen nach einem neuen Schal ein paar Fellhandschuhe entdeckt. Genau die Art, die Stefan
im letzten Winter verloren hatte. Einen Ersatz
hatte er nicht gefunden und jammerte jetzt
immer über seine neuen Handschuhe, die entweder zu kalt oder zu warm und jedenfalls nie richtig waren. Sie hatte die Fellhandschuhe gekauft,
und sich – das musste sie zugeben – eine halbe
Stunde lang über ihr schönes Weihnachtsgeschenk gefreut. Bis ihr ihre Abmachung wieder
einfiel. Und dann hatte sie von einer Freundin
auch noch eine Karte für das Sting-Konzert im
Sommer angeboten bekommen. Stefan war so
traurig gewesen, als er gehört hatte, dass das
Konzert ausverkauft war. Sie hatte zugeschlagen.
Genauso wie bei dem Buch über Bergsteigen in
den Karpaten, das ihr in dem Antiquariat in die
Hände gefallen war. Wo Stefan doch schon ewig
von einem Kletterurlaub in den Karpaten redete.
Oder wie bei der neuen Armbanduhr, die sie für
ihn besorgt hatte, weil seine alte beim letzten
Kletterausflug so verschrammt war, dass man
kaum noch die Zeiger erkennen konnte.

Alle diese Sachen lagen jetzt in ihrem Schrank hinter den Socken. Schön verpackt und mit einem dicken mentalen Fragezeichen versehen. Sollte sie sie jetzt rausholen? Würde sich Stefan über die Geschenke freuen? Oder würde er sich darüber ärgern, dass sie sich nicht an ihr Versprechen gehalten hatte? Und würde sie ihn nicht bloßstellen, weil er nichts für sie hatte? Und zwar nicht, weil er sie weniger liebte, sondern nur, weil er sich konsequent an ihre Abmachungen hielt? Renate rutschte auf dem Stuhl umher. „Ich habe eine Überraschung für dich", sagte Stefan in ihre Gedanken und Renate zuckte zusammen. Nein! Hatte er etwa auch … „Morgen kommt Manuela aus Frankfurt zu Besuch", sagte Stefan. „Sie hat mich vor ein paar Tagen angerufen und wollte das als Weihnachtsüberraschung aufsparen." Renate war erleichtert. Manuela, ihre älteste Freundin aus der Schulzeit. „Ich habe ihr gesagt, dass ihr Besuch Geschenk genug ist", sagte Stefan. „Und dass sie bloß nichts mitbringen soll. Und weißt du was", sagte Stefan und streichelte ihre Hand, „ich finde es ein tolles Weihnachtsgeschenk, dass wir es geschafft haben, uns nichts zu schenken."

Manuela blieb bis Silvester. Als Renate sie zum Zug brachte, erzählte ihre Freundin noch von der Party, die sie am Abend in Frankfurt besuchen wollte. „Und was macht ihr?", fragte sie.

„Wir bleiben zuhause und machen es uns gemütlich", sagte Renate.

„Aber nicht wieder Trübsal blasen wie zu Weihnachten!", ermahnte sie Manuela.

„Trübsal? Was meinst du denn damit?"

„Zuhause sitzen und dann nicht mal Geschenke. Das ist doch wirklich traurig", meinte Manuela. „Aber na, ihr wolltet es ja so. Mein Ding wäre das nicht."

Diesmal hatte Renate gekocht. Nach dem Zanderfilet streckten sie sich auf der Couch aus. „Jetzt oder nie", dachte Renate. Und laut sagte sie: „Ich muss dir noch was geben." Sie streckte die Hand unter das Sofa und holte ihre Pakete vor. „Meine Neujahrsgeschenke!", rief sie, ein bisschen zu fröhlich.

Stefan stand wortlos auf und ging aus dem Zimmer. „Was ist denn, Stefan?", rief Renate ängstlich. „Hey, es tut mir leid, aber das waren genau die richtigen Sachen für dich. Kein Kommerz, kein Blödsinn, alles Sachen, die du brauchst und da dachte ich, klar haben wir gesagt, wir schenken uns nichts, aber das haben wir ja auch nicht zu Weihnachten und das war ja auch sehr schön, aber wo ich die Sachen doch jetzt ..."

Stefan stand in der Tür. Auf dem Arm hatte er vier Päckchen. Verpackt in Weihnachtspapier.

An diesem Silvester fassten sie keine guten Vorsätze für das neue Jahr.

O Tonnenbaum

„Ein Monsterbaum kommt mir nicht ins Haus!" Anna stand mit verschränkten Armen im Wohnzimmer. „Solange ich hier was zu sagen habe, stellen wir richtige, echte Weihnachtsbäume aus dem Wald auf. Und nicht irgendwelches High-Tech Zeugs aus dem Labor."

„Nun mal ganz ruhig", sagte ich zu meiner Frau. „Natürlich kommen diese Bäume aus dem Wald. Es sind echte Weihnachtsbäume. Und da ist auch kein High-Tech Zeugs dran, wie du das nennst. Sie sind nur – äh – ein bisschen verbessert."

Jedes Jahr am 23. Dezember gibt es bei uns Stress. Das heißt: Noch mehr Stress als normaler Weihnachtsstress. Am 23. Dezember entscheiden wir, ob wir einen Baum kaufen (die Antwort: ja), wo wir einen Baum kaufen (irgendwo), wer ihn

121

kauft (beide, aber ich muss ihn tragen und auf-
bauen). Dann wird das Ungetüm zuhause zuge-
schnitten. Wir zwängen ihn in den altersschwa-
chen Christbaumständer von Uroma Gertrud.
Wir verbannen den Fernseher aus dem Wohnzimmer, weil in der dunklen Ecke der Baum
steht. Ich steche mich mit den Nadeln an 73 ver-
schiedenen Stellen, die sich röten, weil ich aller-
gisch gegen Tannennadelstiche bin. Auf dem
Weg vom Balkon in den Baumständer verrenke
ich mir das Kreuz, weil nichts so schwierig zu
halten ist wie ein stacheliges Objekt mit einem
schweren Ständer am unteren Ende. Auf dem
Weg vom Ständer auf den Balkon (zwei Wochen
später) renke ich mir das Kreuz wieder ein.
Bevor er als nacktes Gerippe entsorgt wird, hat
der Baum seine Nadeln in der Wohnung ver-
streut. Auch wenn wir noch so sorgfältig fegen
und saugen, tritt sich im Mai eines der Kinder
eine inzwischen stahlhart getrocknete Weih-
nachtsbaumnadel in den nackten Fuß.

Damit sollte jetzt Schluss sein.

Wozu hat man schließlich Freunde. Einer von meinen arbeitet als Biochemiker bei der deutschen Tochterfirma eines dänischen Biotechnologie-Konzerns. Der Konzern forscht an Medikamenten gegen Alzheimer und Aids und für Pflanzen, die den Menschen das Leben erleichtern: Petunien, die sich selbst düngen, Yucca-Palmen, die sich selbst gießen und Weihnachtsbäumen, die nicht nadeln. Irgendwie haben die dänischen Wissenschaftler das Gen eines anderen Baumes in die kleinen Tannen eingesetzt. Sie sehen ganz normal aus, aber sie wachsen schneller, höher und gerader als andere, sie wehren sich gegen Schädlinge und sie halten ihre Nadeln fest. Die von mir so gefürchteten Stacheln sind auch noch dazu leicht, weich und pieksen nicht. Sagte jedenfalls mein Freund Sven.

„Offiziell ist noch gar nichts", meinte Sven. „Wir warten noch auf eine Genehmigung zur Freisetzung in der EU. Aber wenn du ein Exemplar von CT 37 haben willst, dann kann ich dir einen besorgen. Du weißt schon, Christmas Tree

37, unsere interne Serienbezeichnung. Wir präparieren den für euch mit ein paar brandneuen Konservierungsmitteln auf Nano-Basis, und du füllst einfach hinterher einen Fragebogen aus. Wir lassen es als Experiment laufen."

Das klang doch sehr gut. Sven wollte den Baum im Topf liefern und später wieder abholen. Keine langen Entscheidungsfindungen. Keine Gebühr, kein Rumschleppen des Baumes. Vor allem: kein Ärger mit dem Baumständer und keine Nadeln auf dem Boden. „Wir testen den Baum bei euch auf Stressresistenz", schlug Sven vor. Ich sagte, da könnten wir dem Baum einiges bieten.

Alles war bereit für einen stressfreien Stresstest. Aber Anna sagte nein. „Niemand weiß, was bei diesem Experiment rauskommt", sagte meine Frau.

„Doch", sagte ich. „Ich weiß es. Ein Weihnachtsbaum." Die Logik der Gen-Bäume leuchtete mir sofort ein. Stehen auf dem Acker in Reih und Glied, alle wunderschön anzusehen und nicht mit vermurkelten Kronen, wie die

Bio-Bäume, die niemand auch nur in der Garage stehen haben will. Sie brauchen weniger Gift auf dem Acker und sind so resistent gegen Wärmestress, dass man sie im Topf anliefern und nach Weihnachten wieder draußen einpflanzen kann. Noch ein Plus in der Öko-Bilanz der Gen-Bäume: Sie landen nicht als Tonnenbäume auf dem Kompost, sondern werden direkt in der Natur recycelt, bis wir sie wieder brauchen. Also bis nächstes Jahr zu Weihnachten. Warum sollte man einer Firma, die eine derart überzeugende Produktinnovation entwickelt, nicht einen großen Anteil am deutschen Weihnachtsbaummarkt wünschen?

„Schnickschnack", sagte Anna. „Keiner hat eine Ahnung, was auf langfristige Sicht mit den Bäumen passiert. Wir kaufen einen altmodischen Baum, der einfach so vor sich hin gewachsen ist."

Das war unser Baum dann wirklich. Ziemlich windschief hockte er auf dem Balkon, obwohl sich kein Lüftchen regte. Er war bestimmt nicht modisch, aber schon ziemlich alt. Schon beim

Transport in die Wohnung sah der Teppich aus, als hätte jemand eine Dose mit Schokostreuseln fallen gelassen. Mit sehr spitzen Schokostreuseln. Der Baum fiel Anna einmal auf den Fuß und biss ihr einmal in den Zeigefinger. Für beide Vorfälle hatte ich ein Alibi.

Unser Nachbar Henrik ist nicht so innovationsfeindlich wie meine Frau. Deshalb vermittelte ich den Superbaum dann auch schweren Herzens an ihn. Als die Männer von Svens Firma den Baum in seine Wohnung schleppten, sah ich neidisch zu, wie entspannt Henrik in seiner Küche saß und dem Treiben zusah, während ich mir noch den verrenkten Rücken hielt. Sein Schäferhund Rex lag am Ende des Flurs und kaute genüsslich einmal nicht auf seiner Gummimaus, sondern auf einem Ast, der vom Gen-Baum abgebrochen war, als er durch die Tür gezwängt wurde.

Als ich Henrik am zweiten Weihnachtsfeiertag wieder sah, war er immer noch entspannt. Ganz im Gegensatz zu mir. Ich erzählte ihm von unserem Katastrophen-Weihnachten: Als die Geschenke ausgepackt waren, hatte unser ältester Sohn seinen neuen Schaumgummi-Fußball mit Begeisterung in den Weihnachtsbaum geschossen. Drei Äste voller ausgetrockneter Nadeln fingen sofort Feuer, als die Brandbombe bei ihnen einschlug. Eine Kerze fiel auf das zusammengeknüllte Einwickelpapier unter dem Baum und setzte es in Brand. Der Löschversuch mit dem Wassereimer hatte die Tapete in der Fernsehecke ruiniert. Jetzt klaffte im Baum, auf dem Teppich und in unserem kollektiven Gedächtnis ein großes schwarzes Loch. Und Anna dachte tatsächlich darüber nach, die geheiligte Tradition der echten Wachskerzen am Weihnachtsbaum zugunsten der elektrischen Kerzen zu überdenken. „Zumindest, solange sich die Kinder nicht benehmen können", sagte sie. Also bis 2040, dachte ich mir.

„Das klingt ja wirklich furchtbar", sagte Henrik. Bei ihnen war alles ruhig verlaufen. Nur hatte seine Frau seit Weihnachten „so rasende Kopfschmerzen" und „Rex hat nichts gegessen, die ganze Zeit über." Er selbst fühlte sich ein bisschen schwindelig. „Aber der Baum war spitze." Anna wollte davon nichts hören. Sie schaute nur triumphierend, als Sven ein paar Tage später bei uns erschien, um den Baum von Henrik abzuholen. Inzwischen hatten wir Rex häufig und jämmerlich aus der Nachbarwohnung jaulen hören. „Vielleicht haben wir es ein ganz kleines bisschen zu gut gemeint bei der Präparierung", murmelte Sven. Aber sonst sei der Baum ein Riesenerfolg.

Als er sich verabschiedete, steckte mir Sven eine Broschüre zu. „Anna hat mir erzählt, was hier Weihnachten los war", flüsterte er. „Nächstes Jahr haben wir unseren CT 47 auf dem Markt. Ich habe euch als Testpersonen auf die Liste gesetzt."

„Ich weiß nicht, ob das eine gute Idee ist", flüsterte ich zurück. „Du weißt doch, was Anna davon hält. Und nach dem, was bei Henrik passiert ist ..."

„Anna wird diesen Baum lieben", versprach Sven. „Der CT 47 ist feuerfest."

Kommando Knecht Ruprecht

 Das Gedudel ging Kommissar Krei auf die Nerven. Er stand auf und öffnete die Tür in der gläsernen Trennwand zum Großraumbüro. Als er seinen Kopf in den Raum steckte, kniff er unwillkürlich die Augen zusammen: „Oh du fröhliche" aus dem CD-Spieler. Die Bildschirme mit Tannenzweigen bedeckt, überall Kekse und Schoko-Weihnachtsmänner. Die Weihnachtsfeier beim Dezernat „Sachbeschädigung und Grober Unfug" war in vollem Gange. „Leute, geht das nicht ein bisschen leiser?" rief er in den Raum. Ein paar seiner Kollegen sahen sich um. Erst jetzt bemerkte Krei, dass sie die Weihnachtsmannmasken trugen, die sie gestern bei der Razzia in den Import-Export-Läden beschlagnahmt hatten. „Kommen Sie doch her, Herr

Kommissar!", rief ein junger Assessor. „Feiern Sie mit!"

„Nee, vielen Dank." Krei schloss die Tür und warf sich wieder in den Sessel. Er drehte sich zum Fenster und legte die Füße neben dem Weihnachtsstern auf die Fensterbank. Draußen, auf dem Marktplatz, war am Morgen des 23. Dezember die Hölle los. Ein Gewühl von Menschen schob sich in die Banken, um Geld zu holen. Schob sich dann in die Kaufhäuser, um das Geld auszugeben. Und schob sich dann in die Parkhäuser, um die last-minute Schnäppchen nach Hause zu bringen. Wieder einmal beobachtete Krei fasziniert die neue Skulptur in der Mitte des Platzes: Ein einfaches Rohr, aus dem ein starker Luftstrom nach oben blies. Auf diesem starken Wind tanzte eine schwere Kugel aus Eisen.

Kommissar Krei drehte sich wieder zu seinem Schreibtisch um. Seufzend nahm er sich den Aktenstapel vor, der ihm das Leben schwer machte. Gleich daneben lagen die beiden lokalen Zeitungen, der „Anzeiger" und der „Bote". Die

Überschriften heute waren vergleichsweise harmlos: „Weihnachten ohne Terror? Polizei hofft das Beste" und „Sicherheit wegen möglicher Anschläge erhöht".

Was diese Zeitungsfritzen immer so zusammenschrieben. „Terror", „Anschläge". Krei schüttelte verächtlich den Kopf. Okay, es hatte eine Häufung dieser Sabotage-Akte gegeben. Sie waren professionell ausgeführt gewesen, aber hatten auch irgendwie den Charme von Pennäler-Streichen. Es gab keine wirklichen Bekenner-Schreiben, aber eine offensichtliche Stoßrichtung. Krei und sein Team waren ratloser als sie zugeben wollten.

Frustriert und pflichtbewusst schlug er noch einmal die Akte auf. Er hatte keine Lust, Weihnachten zu feiern, und ständig wegen des „Kommandos Knecht Ruprecht" in Rufbereitschaft zu sein. Aber eine wirkliche Hoffnung, den Gaunern heute noch das Handwerk zu legen, hatte er auch nicht.

Die „Anschlagsserie" hatte am ersten Advent begonnen. Am Abend vor der Eröffnung des traditionellen Weihnachtsmarkts waren drei Buden abgebrannt. Ganz klar ein Brandanschlag, hatten die Experten von der Spurensicherung gesagt. An drei Stellen gleichzeitig hatte das Feuer begonnen. Es hatte zielsicher die drei Stände zerstört, an denen nach Kreis ganz persönlicher Meinung der allerschlimmste und unerträglichste Weihnachtskitsch angeboten wurde. Als Bürger und Weihnachtsmarktbesucher fand er das Feuer deshalb nicht so dramatisch. Als Chef des Dezernats Sachbeschädigung dagegen schon. Hinweise auf die Täter? Anwohner hatten einen als Weihnachtsmann verkleideten Mann vom Tatort wegrennen sehen. Soviel dazu.

Bei der Sache mit den Gänsen hatte Krei dann schon so ein Gefühl gehabt, er würde es mit einem Serientäter zu tun bekommen. Jemand hatte draußen vor der Stadt beim Geflügelzuchtbetrieb Turmer die Stalltore geknackt. 6300 Weihnachtsgänse von „Hühner-Turmer" hatten sich daraufhin in einer regnerischen Winternacht ins Freie geflüchtet und in alle Winde zerstreut. Das Personal fand das aufgebrochene Schloss und den leeren Stall von der Größe einer Tennishalle erst am frühen Morgen. Da waren die Gänse schon über den ganzen Landkreis verteilt. Die Metzger der Stadt wussten nicht, wo sie die Gänsebraten herbekommen sollten. Die Füchse der Gegend würden sich freuen, dachte Krei. Spuren: Keine.

Auch der Brand in der Papierfabrik blieb ohne direkte Verbindung zu den anderen Sabotageakten. Aber die Zeitungen zählten genauso wie Krei zwei und zwei zusammen. „Was will der Weihnachts-Terrorist?", fragten sie in dicken Lettern. Die Spurensicherung bestätigte Krei, dass der Brandsatz aus dem gleichen Bausatz stammte wie auf dem Weihnachtsmarkt. Das Material kam von jenseits der Grenze. Frankreich war schließlich nur zwanzig Autominuten entfernt. Ebenfalls nachts hatten die Täter einen Teil des Lagers von Welle-Druck in Flammen aufgehen lassen: Gezielt 67 Paletten mit Geschenkpapier. Das Ziel war klar: Alles, was mit Weihnachten zu tun hatte, befand sich im Fadenkreuz. Und das war in einer Stadt von 100.000 Einwohnern, mit einem überregional bekannten Weihnachtsmarkt und einer Fußgängerzone, wo die gesamte Region einkaufte, so ziemlich jedes Geschäft. „Polizei hält sich für machtlos" hatte der „Anzeiger" geschrieben, als er, Krei, gesagt hatte: „Wir können nicht alle Objekte schützen." Er war ja schon froh, dass die Täter ihre Ziele so wählten, dass bisher keine Menschen gefährdet wurden. Aber das hatte er nicht laut gesagt. Nachher unterstellten sie ihm noch Sympathien für die Täter.

Auf die es damals die ersten Hinweise gab. Das LKA hatte sich der Sache angenommen. Und die Spezialisten dort wiesen ihn nach drei Tagen auf eine Internetseite hin: www.noel-est-mer.de. Eine homepage, auf der sich deutsche und französische Weihnachtshasser austauschten. Der Name war originell, funktionierte aber nur auf französisch, dachte Krei: „Weihnachten-ist-schie.te", dafür gab es keinen domain-Namen. Auf der Website gab es wütende Aufsätze über den Kommerz und den „christlichen

Imperialismus", es gab einen Reisemarkt für „Weihnachtsfluchten", und es gab „news", ein unmoderierter chatroom, in dem sich alle anonymen Weihnachtshasser zu Wort melden konnten. Und dort war eine Notiz aufgetaucht, nach der das „Kommando Knecht Ruprecht" das „heuchlerische Weihnachtsfest angreifen" werde, um „die Verlogenheit des Systems Weihnachten zu entlarven". Kreis Assistent Haberbusch hatte gelacht, als er das gelesen hatte: „Als bräuchte man dazu nun solche Anschläge." Sie hatten eine Liste mit möglichen Verdächtigen aufgestellt und sie zum Verhör bestellt.

Die Serie ging weiter. Am Samstagabend vor dem zweiten Advent gab es traditionell Adventskonzerte in allen fünfzehn Kirchen der Innenstadt. Nicht in diesem Jahr. Jemand hatte die Schlösser der Kirchen am Samstagnachmittag mit Superkleber ruiniert. Die Gemeinden standen vor verschlossenen Türen. Was war den Pfarrern und Organisatoren aufgefallen? Weihnachtsmänner, die sich an den Kirchen rumgetrieben hätten. Sollte er eine Fahndung nach

Weihnachtsmänner rausgeben, überlegte Krei. Und sich vor den Journalisten komplett zum Idioten machen?

Der Kommissar griff nach den Verhörprotokollen. Drei Verdächtige hatten sie letzte Woche vorgeladen: Mario N., einen stadtbekannten Vegetarier und radikalen Umweltschützer; Heimo S., ehemaliger Pfarrer einer Kirche in einem Nachbarort. S. war bekannt gewesen wegen seiner Predigten gegen den Kommerz zu Weihnachten. Vor zwei Jahren hatte er seine Gemeinde verlassen und war aus der Kirche ausgetreten. Und dann noch Andreas B. Der arbeitslose Elektriker war der einzige der drei Verdächtigen, der handwerkliches Geschick vorwies. Und er hatte mehrfach erklärt, er werde es zu Weihnachten „richtig knallen lassen. Die werden sich alle noch wundern."

Der nächste Anschlag hatte Andreas B. ganz nach oben auf die Liste gebracht. Am dritten Adventssamstag gingen um 18 Uhr schlagartig alle Lichter in der Innenstadt aus. Der Blackout dauerte bis in den Abend und verursachte ein mittelgroßes Chaos, vor allem auf der Shoppingmeile der Stadt. Die Läden mussten schließen oder mit Taschenlampen bedienen, Eiscafes verschenkten ihr auftauendes Eis an Kinder, Supermärkte ohne Notstrom warfen tonnenweise verdorbene Lebensmittel weg. Die Ursache: Ein absichtlich herbeigeführter Kurzschluss in einem der großen Kraftwerke der Stadt, meldete das Stromversorgungsunternehmen. Und der „Bote" hatte seine Schlagzeile: „Weihnachtsterror – Polizei tappt im Dunkeln."

Tatsächlich waren sie auch nach den Verhören nicht viel schlauer. Personal, um die Verdächtigen lückenlos überwachen zu können, hatte ihr Dezernat sowieso nicht. Und die drei hatten zwar viel geredet, aber wenig gesagt. Mario N. hatte die Sabotage am Weihnachtsfest verteidigt. Nur die toten Gänse taten ihm leid, die ihr Ende auf der angrenzenden Bundesstraße gefunden hatten. Auch Heimo S. konnte nichts Schlimmes an den Angriffen finden, wenn sie nur Sachen träfen und „den Menschen die Augen öffneten." Nur Andreas B fand die Sabotage laut Protokoll „voll panne. Man hat ja Angst, Geschenke einkaufen zu gehen. Wenn man denn das Geld dafür hat." Alibis? Alle drei hatten mal bessere, mal schlechtere. Mario N. war sogar stolz darauf, für keinen der Abende ein Alibi vorweisen zu können und auch Heimo S., der ehemalige Pfarrer, erklärte, er verbringe eigentlich alle Abende allein zu Hause. Nur bei der Einschätzung der Sabotage waren die drei verschiedener Meinung. „Ganz klar ein politischer Akt, fast noch gedeckt von der Meinungsfreiheit", meinte der Tierschützer. Mit Politik habe er nichts am Hut, sagte dagegen Heimo S. „Ob schwarz, rot, grün oder gelb, ist mir egal. Wissen Sie, ich bin sowieso farbenblind." Und Andreas B. behauptete, er verstehe die Frage nicht.

Krei seufzte. Er nahm die letzte Akte. Vorgestern nacht hatte das „Kommando Knecht Ruprecht" wieder zugeschlagen. Und in einer Blitzaktion den 17 Meter hohen Weihnachtsbaum vor dem Rathaus, der in voller Weihnachtspracht dastand, gefällt. „So etwas geht mit einer guten Motorsäge und ein bisschen Übung in zwei Minuten", sagte der Mann von der Spurensicherung anerkennend. Der Baum war in voller Länge auf den Rathausplatz gestürzt und hätte fast den Streifenwagen unter sich begraben, der gerade nach dem Rechten sehen wollte. Die Beamten hatten noch gesehen, wie der Täter hinter dem Rathaus verschwunden war – natürlich ein Weihnachtsmann.

Kreis Handy wimmerte. „Kommissar, können Sie schnell zur Sparkasse gegenüber kommen?", fragte ihn aufgeregt ein junger Streifenpolizist. „Was ist denn?" Krei drehte sich um und schaute aus dem Fenster. Der Trubel auf dem Marktplatz war noch stärker geworden, wenn das überhaupt möglich war. „Das sieht hier nach einem Überfall aus", schrie der junge Kollege ins Handy. „Leute schreien was von Geld und Hilfe und Polizei, aber in diesem Gewühl kann man nichts erkennen. Und mitten drin im Trubel steckt ein Weihnachtsmann und wirft mit Geldscheinen um sich."

Krei war schon unterwegs. Zu allem Unglück hatte er heute die neuen, unbequemen Lederschuhe angezogen. Vor der Tür prallte er in eine Menschenmenge, die nach Glühwein, kaltem Leder und Rostbratwürsten roch. Verzweifelt wühlte er sich durch die Menge in Richtung Sparkasse. Man müsste ein Blaulicht haben, das man sich auf den Kopf setzen könnte, dachte er, als er erschöpft zwei empörte dicke Frauen zur Seite schob. „Hier, Herr Kommissar!", rief der junge Kollege. Es war Schuster, erkannte Krei jetzt.

„Das hat sich aufgelöst hier. Der Weihnachtsmann muss da drüben irgendwo sein. Ich bin nicht hinterher gekommen." Schuster zeigte in die Mitte des Platzes. Plötzlich ging ein Schrei durch die Masse und die Menschen bewegten sich in die Mitte. Krei wurde von dem Sog erfasst und mitgezogen. Dann sah er, dass der Himmel voller Geldscheine war. „Es regnet Geld!", rief ein Mann neben ihm.

Krei zog sich an einem Imbisshäuschen in die Höhe. An der Skulptur in der Mitte des

Platzes stand der Weihnachtsmann. Er hatte einen Sack bei sich und holte mit vollen Händen Bündel mit Geldscheinen heraus. Das Geld hielt er in den Windstrom, der ihm die Scheine aus der Hand riss, sie nach oben in den grauen Winterhimmel trieb und dann von dort auf die Menschenmenge herunter regnen ließ.

Krei ließ sich wieder auf den Boden herab. Das Kommando Knecht Ruprecht war zum Greifen nahe. Ihn trennten nur etwa fünftausend hysterische Weihnachtsshopper von seinem Fahndungserfolg. Ein 100-Euro-Schein segelte vor ihm zu Boden. Krei hob ihn auf und betrachtete ihn genau. Eine Fälschung, aber sehr gut gemacht. Hätte er nicht an der Fortbildung zum Thema „Euro-Einführung und Falschgeld" teilgenommen, er hätte den Geldschein für echt gehalten.

Krei nahm Anlauf und pflügte durch die Masse. „Polizei – lassen Sie mich durch!" Als er nach einigen Minuten schweißnass die Mitte des Platzes erreichte, war der Weihnachtsmann verschwunden. Er hatte sich durch die Menschen gedrängt und verschwand vom Platz Richtung Bahnhof. Abermals wühlte Krei sich durch die Menschen, die weiterhin nach den Geldscheinen fischten. Am Eingang der Straße zum Bahnhof konnte er endlich anfangen zu rennen, um seinen Weihnachtsmann einzuholen. „Halt, Polizei!", schrie er. Natürlich hatte er auch seine Dienstwaffe in der Schreibtischschublade vergessen.

Der Weihnachtsmann hatte sich umgesehen und auch zu laufen begonnen. Noch hatte er den großen Jutesack in der Hand. Er lief in eine Seitenstraße. Als Krei keuchend um die Ecke bog, sah er den roten Mantel mit dem weißen Pelzbesatz gerade an der nächsten Ecke verschwinden. Er erhöhte die Geschwindigkeit. So schnell war Krei seit seiner Aufnahmeprüfung in den höheren Dienst nicht mehr gerannt. Er biss die Zähne zusammen und stieß die Luft aus seinen Lungen. Nach zwei weiteren Ecken war er dem Flüchtenden nicht näher gekommen. Dafür hatte er jetzt auch noch Seitenstechen. Ich muss ihn kriegen, dachte Krei.

Dann ist auch für mich Weihnachten, ich muss ihn ...

Dann flog er auch schon durch die Luft und landete hart auf silbernem Lack. Die Schnauze des Autos hatte sich aus der Toreinfahrt geschoben, ohne dass er sie bemerkt hatte. Krei erhob sich langsam von der Kühlerhaube und sah in das erstarrte Gesicht der Fahrerin. Sein rechtes Schienbein schmerzte höllisch. Er fühlte das Blut an seiner rechten Schläfe. Jetzt besudele ich ihr den schönen Wagen, dachte er, als er von der Haube rutschte. Er stand einen langen Moment benommen da. Dann bemerkte er, dass nichts gebrochen war. Sogar auf seinem rechten Schienbein konnte er stehen. Und er erinnerte sich an den Weihnachtsmann. Krei blickte die Straße hinunter.

Am Ende der Straße, etwa 200 Meter weiter, stand der Weihnachtsmann. Er sprach ruhig mit einer Frau, ging dann zu den Müllcontainern am Straßenrand und warf seinen Jutesack in die grüne Biotonne. Dann drehte sich der Weihnachtsmann wieder zu ihm und winkte spöttisch. Krei setzte sich in Bewegung. Erst langsam, und dann immer schneller. 200 Meter, das sind 20 Sekunden bei Sprintern, dachte er. Der Weihnachtsmann stand regungslos und wartete auf ihn. Krei war irritiert. Was sollte das? Und warum war die Bahnhofstraße hinter dem Weihnachtsmann, die sonst am Verkehr erstickte, so leer? Krei rannte weiter, so schnell es sein Schienbein und seine Schläfe zuließen. Der Weihnachtsmann war jetzt noch etwa hundert Meter entfernt. Er hob noch einmal die Hand zu einem überlegenen Abschiedswinker und ging langsam nach rechts. Gleichzeitig kam auf der Straße wieder ein Weihnachtsmann. Und noch einer und noch einer. Als Krei mit pfeifenden Lungen die Straßenecke erreichte, war die ganze Bahnhofstraße mit Hunderten von Weihnachtsmännern gefüllt. Alle mit rotem Mantel und Kapuze, weißem Bart und schwarzen Stiefeln.

„Was ist das denn?", sagte Krei laut, als er sich an einem der Müllcontainer stützte und nach Luft rang. „Na, der Weihnachtsumzug der

Weihnachtsmänner", sagte die Frau neben ihm. „Das sind schon verrückte Kerle. Der eben hier zum Beispiel wollte wissen, welcher von den Containern grün ist." Krei starrte angestrengt in die Gesichter mit den Bärten. Wo war sein Mann? Keine Chance, den Weihnachtsmann zu finden. Da hob einer die Hand und winkte! Krei war sofort hellwach. Genau so hatte der Weihnachtsmann eben in der Straße gewunken. Und dann hoben plötzlich Dutzende von Männer die Hand. Und winkten.

„Winkt nur", knurrte Krei erleichtert. Er kannte jetzt seinen Kandidaten.

Sie auch?

Dichtung und Wahrheit

Seit Tagen hatte Maja schon Bauch-
schmerzen. Eigentlich ging es ihr
ganz gut, aber wenn sie an das
Gedicht zu Weihnachten dachte,
wurde sie ganz kribbelig im
Magen. Zum ersten Mal würde
sie ganz allein vor der ganzen
Familie stehen und das Weihnachtsgedicht aufsagen. Die Kerzen am Baum würden
brennen, alle wären da, Mama, Papa, Oma, Opa,
all die Onkels und Tanten und die kleinen Kinder. Und sie als älteste der Enkelkinder sollte in
der Mitte stehen und das Gedicht aufsagen. Beim
Gedanken daran bekam Maja zum Bauchkrib-
beln auch immer noch nasse Hände.

„Du bist doch jetzt ein Schulkind", hatte
Mama gesagt. „Hast du nicht Lust, das Gedicht
aufzusagen? Das macht Spaß und alle fänden
das ganz toll."

„Schau mal, Maja", hatte Papa gesagt, den strampelnden Nils von seinem Schoß genommen und sie draufgesetzt. „Das machen wir in unserer Familie schon so, seit Opa ein kleines Kind war. Seit achtzig Jahren! Immer sagt ein Kind das Weihnachtsgedicht auf und alle hören zu."

„Und alle gucken auch zu?", hatte Maja gefragt. Sie dachte mit Zittern daran, wie sie in der Schule an der Tafel gestanden hatte und ein „S" malen sollte. Sie konnte das! Aber irgendwie war es verkehrt herum rausgekommen und hatte wie eine Schlange ausgesehen. Frau Bürling fand das gar nicht schlimm. Aber alle anderen hatten gelacht. Und alle hatten auf sie geguckt. Zum Glück hatte sie Mama und Papa nichts davon erzählt.

„Und weißt du was?", hatte Papa ihr ins Ohr geflüstert. „Wer das Gedicht aufsagt, der darf sich als erster die Geschenke nehmen und allen anderen ihre Geschenke geben."

Damit war die Sache klar gewesen.

Aber jetzt war es kurz nach dem Mittagessen am
Heiligen Abend. Maja saß im Kinderzimmer
und hörte, wie es immer wieder klingelte und
immer mehr Verwandte kamen: Oma und Opa
waren schon da, gerade waren Tim und Sophie
gekommen mit ihren Eltern, und dauernd
kamen noch neue Leute. Die ganze Wohnung
würde voll sein, weil auch Stefan und Uli aus
Freiburg gekommen waren und all die Kinder
krabbelten schon durch ihr Zimmer. „Hallo,
Große!", sagte Tante Uli. „Na, hast du dein
Gedicht gut gelernt?"

„Ich kann das", sagte Maja.

„Hoffentlich", lachte Uli. „Sonst kriegt
jemand anderes deine Geschenke." Dann brüllte
ihr Baby und sie musste ins Schlafzimmer. Was
hatte Tante Uli gesagt? Jemand anderes bekam
ihre Geschenke, wenn sie ihr Gedicht nicht
sagte? Maja wurde es ganz heiß an der Stirn.
Schnell rannte sie aufs Klo. Schloss die Tür ab,
setzte sich auf die Kloschüssel und murmelte:
„MarktundStraßenstehenverlassenstill-
erleuchtetjedesHauseinsamgehichdurchdie-

Gassenallessiehtsofriedlichaus ..." Puh. Sie
konnte es ja noch. Aber jetzt musste sie doch
Papa fragen, ob das stimmte. Und ob vielleicht
jemand anderes auch ein Gedicht aufsagen
würde und ihre Geschenke bekäme. Sie hatte sie
doch schon gesehen, die Pakete, blau und gold
eingewickelt, manche ganz groß und ein paar
mittelgroß. Bei Mama und Papa auf dem
Schrank standen sie. Als ob sie das nicht wüsste.
Sie war doch kein Baby mehr!

Vorsichtig machte Maja die Klotür auf.
Direkt neben ihr war die Küche. Tante Iris war
gerade gekommen und redete mit Mama.
„... wirklich ein Gedicht, was ich da plane für
heute Abend ..." hörte Maja Tante Iris sagen.

Plötzlich waren ihre Knie aus Gummi. Wie
bei ihrem Knetmännchen. Ein Gedicht! Tante
Iris wollte auch ein Gedicht aufsagen! Schnell
rannte Maja den Flur herunter. In ihrem Zimmer warf sie sich auf die Matratze. Wollte Tante
Iris ihre Geschenke haben? Sie war doch schon
groß! Wie gemein!

Maja kugelte von der Matratze zur Tür. Im Flur knieten Papa und Onkel Piet vor der Geschirrspülmaschine. Dorthin hatten sie sie aus der Küche geschleppt, weil „meine bessere Hälfte", wie Papa zu dem Ding immer sagte, dauernd Wasser verlor. Auch jetzt tropfte es an der Seite auf den Parkettboden: Plitsch. Plitsch. Plitsch. „Ich brauche heute Abend bei der ganzen Feier vor allem eins von dir", sagte Papa zu Piet: „Eine gute Dichtung, klar? Das soll niemand anderes machen als du."

Maja sackte in ihr Zimmer zurück. Auch noch Onkel Piet! Der so lustig auf seinen Rohren Musik machen konnte, wenn er seine Klempnertasche dabei hatte. Und wo sie immer versuchen durfte, ihn mit seiner größten Zange zu zwicken. Auch der sollte heute Abend ein Dichter sein. Und nur er, hatte Papa gesagt!

Maja kämpfte mit den Tränen. Sie musste Papa sofort fragen, ob denn nicht sie das Gedicht aufsagen sollte, sondern andere. Sie suchte ihn im Schlafzimmer, aber da war er nicht. Als sie am Wohnzimmer vorbei kam, saß er da mit Tante Johanna am Tisch. Die war Logopädin und brachte Kindern richtiges Sprechen bei. Maja wusste das, weil Tante Johanna ihr mal erklärt hatte, ihre Spezialität sei es, mit Kindern zu arbeiten, die statt „s" immer „d" sagten: „Dingen" statt „singen" und „dauber" statt „sauber". Da hörte sie, wie Johanna sich zu Papa beugte und sagte: „Es geht bei diesem Kind immer nur um das `Gedicht, Gedicht, Gedicht'. Das will sie unbedingt können, gerade jetzt an Weihnachten. Und es klappt einfach nicht."

Maja heulte jetzt. Sie hielt sich die Hände vors Gesicht und schaute durch die Finger, als sie durch den Flur zur Tür rannte. Also auch Tante Johanna! Das war so ungerecht! Papa hatte sie gefragt, und sie hatte die ganze Zeit gelernt und sie war die Große in der Familie, die anderen waren alle Babys oder erwachsen. Als sie am Zimmer von Nils vorbeikam, sagte Mama gerade zu Tim: „Geh dicht ran!" Das „ran!" hörte Maja aber schon nicht mehr. Lautlos schluchzend schlüpfte sie aus der Wohnungstür und lief die Stufen hoch zur Wohnung ihres Freundes Daniel.

Auf den Stufen vor Daniels Wohnung setzte sie sich hin. Die Tränen flossen über ihr Gesicht. Sie hatte den Kopf auf die Knie gelegt und weinte laut. Oh, oh, es war so gemein! Seit Wochen hatte sie dieses blöde Gedicht gelernt, dass sie jetzt sowieso nicht mehr aufsagen wollte. Diese Blödmänner und Blödfrauen! Alle anderen sollten das Gedicht aufsagen, alle anderen wollten ihr ihre Geschenke wegnehmen, alle waren blöd, blöd, blöd. Dabei stampfte Maja mit ihrem Fuß auf die Treppe, dass es nur so polterte.

„Nanu, worum geht es denn? Und wer bist denn du?" Maja blickte auf. Vor ihr stand ein alter Mann, mit einem Stock, einer Glatze und einem freundlichen Gesicht. Das war Daniels Opa! Sie hatte ihn auf einem Foto gesehen. Der hatte früher im Museum gearbeitet und hatte jetzt ein Hörgerät. Das hatte Daniel ihr erzählt. „Ich bin die Maja", murmelte sie, ohne aufzusehen.

„Die Maya! Ja, da muss man doch nicht weinen!", rief der Opa. „Die Ausstellung im Schlossmuseum hat doch nur jetzt über Weihnachten zu. Das wird dir gefallen: Jede Menge Gold, Perlen und Armbänder. Alles von den Maya! Das sind Schätze, die sind schöner als jedes Weihnachtsgeschenk!", sagte Daniels Opa begeistert. „Glaub mir, ich habe das alles schon gesehen."

„Wirklich?" Maja war ein bisschen getröstet. Wenn Daniels Opa von Schätzen und Geschenken für sie redete, dann konnte nicht alles so schlimm sein. „Ja, natürlich", sagte Daniels Opa. „Aber wo wohnst du denn? Geh mal schnell nach Hause, jetzt geht doch gleich die Bescherung los."

Maja rannte die Treppe runter und huschte in ihre Wohnung. Inzwischen brannten die Kerzen am Baum. Die Familie drängelte sich schon im Wohnzimmer. Maja wischte schnell den Rotz und die Tränen am Ärmel ihres roten Samtkleids ab und ging ins Zimmer. Sie stellte sich neben Mama und fasste ihre Hand. Mama lehnte sich gerade zu Oma und sagte, nachdem das erste Weihnachtslied verklungen war: „Aber das schönste an dieser Familie ist doch, dass wir uns alle so gut verstehen."

Hau den Lukas

*„Der historische Gehalt des
Weihnachtsevangeliums
nach Lukas – eine kritische
Bestandsaufnahme"*

*Schriftliche Magisterarbeit
im Fach katholische Theologie*
Erstkorrektor: Prof. Dr. Peter Schwennike

Vorgelegt von Thea Schütte

Zusammenfassung
*In jenen Tagen erließ Kaiser Augustus den Befehl,
alle Bewohner des Reiches in Steuerlisten einzutra-
gen. Dies geschah zum ersten Mal. Damals war
Quirinius Statthalter von Syrien. Da ging jeder zu
seiner Stadt, um sich eintragen zu lassen.*

*So zog auch Josef von der Stadt Nazaret in
Galiläa hinauf nach Judäa in die Stadt Davids, die*

Betlehem heißt; denn er war aus dem Hause und Geschlechts Davids. Er wollte sich eintragen lassen mit Maria, seiner Verlobten, die ein Kind erwartete. Als sie dort waren, kam für Maria die Zeit ihrer Niederkunft, und sie gebar ihren Sohn, den Erstgeborenen. Sie wickelte ihn in Windeln und legte ihn in eine Krippe, weil in der Herberge kein Platz für sie war.

In jener Gegend lagerten Hirten auf freiem Feld und hielten Nachtwache bei ihrer Herde. Da trat der Engel des Herrn zu ihnen, und der Glanz des Herrn umstrahlte sie. Sie fürchteten sich sehr, der Engel aber sagte zu ihnen: „Fürchtet euch nicht, denn ich verkünde euch eine große Freude, die dem ganzen Volk zuteil werden soll: Heute ist euch in der Stadt Davids der Retter geboren; er ist der Messias, der Herr. Und das soll euch als Zeichen dienen: Ihr werdet ein Kind finden, das, in Windeln gewickelt, in einer Krippe liegt. Und plötzlich war bei dem Engel ein großes himmlisches Heer, das Gott lobte und sprach:

„Verherrlicht ist Gott in der Höhe, und auf Erden ist Friede bei den Menschen seiner Gnade."

Als die Engel sie verlassen hatten und in den Himmel zurückgekehrt waren, sagten die Hirten zueinander: Kommt, wir gehen nach Betlehem, um das Ereignis zu sehen, das uns der Herr verkünden ließ. So eilten sie hin und fanden Maria und Josef und das Kind, das in der Krippe lag. Als sie es sahen, erzählten sie, was ihnen über dieses Kind gesagt worden war. Und alle, die es hörten, staunten über die Worte der Hirten. Maria aber bewahrte alles, was geschehen war, in ihrem Herzen und dachte darüber nach. Die Hirten kehrten zurück, rühmten Gott und priesen ihn für das, was sie gehört und gesehen hatten; denn alles war so gewesen, wie es ihnen gesagt worden war. (Lukas 2, 1-20)

Das Weihnachtsevangelium nach Lukas ist einer der meistgelesenen Texte der Weltliteratur. Jeder Christ kennt ihn. Auch viele Nichtchristen haben die Weihnachtserzählung vom Stall, der Krippe, und den Hirten gehört. Weihnachten, wie Lukas es beschreibt, ist die Basis für den Glauben von über einer Milliarde Menschen, das Gerüst für das erfolgreichste religiöse Fest der Welt und ein kulturelles Erbe der Menschheit.

Leider ist kein Wort davon wahr.

Keine der biblischen Weihnachtsgeschichten hält einer kritisch-historischen Prüfung stand. Die Historiker sind sich sicher, dass Jesus gelebt hat, als Wanderprediger gewirkt hat und gekreuzigt worden ist. Doch über seine Geburt gibt es keine verlässlichen Zeugnisse. Seine Geburt ist überhaupt nur den Evangelisten Lukas und Matthäus eine Erwähnung wert. Sicher ist nur: Was wir als Weihnachtsgeschichte kennen, kann so nicht passiert sein. Das ist herrschende Lehre unter katholischen wie evangelischen Theologen.

Das Kind: Jesus war kein Einzelkind, wie es immer wieder heißt. Er hatte mindestens fünf Geschwister. Er war auch kein Kind des heiligen Geistes, wie es zumindest die katholische Kirche offiziell immer noch behauptet. Wenn Joseph nicht sein Vater war, wofür vieles spricht, muss er nichtehelich gezeugt worden sein. Manche Theologen vermuten eine Affäre Marias mit einem römischen Soldaten. Die Jungfrauengeburt galt als Symbol eines mächti-

gen Herrschers. *Auch Alexander der Große und Augustus waren offiziell Jungfrauengeburten. Jesus selbst bezeichnet sich nie als Messias oder Sohn Gottes.*

Die Zeit: Jesus wurde nicht im Jahr 1, dem Beginn der Zeitrechnung geboren. Die „Zeitenwende", die mit seiner Geburt begonnen haben soll, wurde erst von Mönchen um 500 nach Christus zurückgerechnet und datiert. Doch die Angaben von Lukas können nicht stimmen: Herodes war König nur bis 4 v. Chr., doch Quirinius wurde erst 6 n. Chr. Landpfleger von Syrien. Eine allgemeine Volkszählung gab es in dieser Zeit nicht. Den Geburtszeitraum Jesu vermuten die Experten zwischen 7 v. Chr. und 7 n. Chr.

Keinesfalls wurde Jesus am 24. Dezember geboren. Das Datum stammt aus dem keltischen Brauch der Jahreswendfeiern, wenn das Licht wiederkehrt (nach dem 21. Dezember) und die Tage länger werden.

Der Ort: Jesus wurde nicht in Bethlehem geboren, sondern in Nazareth. Den Umweg nach Bethlehem müssen Maria und Joseph in der Geburtsgeschichte bei Lukas machen, damit Jesus „in der Stadt

Davids" geboren wird. Schließlich soll Jesus für den Evangelisten seinen Platz in der Nachfolge Davids ausfüllen und die Weissagungen des Alten Testaments erfüllen, nach der der Messias aus dem Geschlecht David stammt.

Die Krippe taucht nur bei Lukas auf, ganz kurz und unerwartet. Die Experten halten auch sie für schmückendes Beiwerk, ebenso wie die Windeln, in denen das Jesuskind angeblich lag und den fehlenden Platz in der Herberge. Vom Stall ist nirgendwo die Rede. Die erste Weihnachtskrippe wird im 8. Jahrhundert in Rom erwähnt. Das erste Krippenspiel führte Franziskus von Assisi, der Heilige mit dem großen Herzen für die Tiere, mit seinen Freunden im Jahr 1223 auf. Ochse und Esel galten später in der Kirchengeschichte als Symbole für die Juden und die Heiden, die Zeugen der Geburt Jesu werden.

Die Hirten konnten als erste Zeugen der „Geburt des Heilands" nur einem griechisch erzogenen Menschen wie Lukas einfallen. Denn in der griechischen Mythologie gelten die Hirten als Vermittler zwischen Göttern und Menschen, als Sinnbild eines paradiesischen Zustands. Die Juden dagegen hatten für Hir-

ten nichts als Verachtung übrig. Hirten galten als
dreckig, faul und als diebische Bande.

Der Stern, die Weisen, die Flucht nach Ägypten,
der Mord des Herodes an den „unschuldigen Kin-
dern" hat es nicht gegeben. Ebenso wenig hat es die
Weisen aus dem Morgenland gegeben.

Fazit: Jesus ist zwischen 7 v. Chr. und 7 n. Chr.
in Nazareth geboren. Alles andere ist nachträgliche
Dichtung. Die maßgeblichen Theologen sind sich
einig: Der historische Gehalt der biblischen Weih-
nachtsgeschichten „geht gegen Null".

Thea Schütte

Auf diesen Moment hatte Thea zwanzig Jahre
lang gewartet. Die Kerzen am Baum brannten.
Die Lieder waren gesungen. Die Geschenke
ausgepackt. Das heißt: nicht alle. Thea hatte
ihre Päckchen nicht angerührt. Sie saß auf dem
Sofa und schaute zum Wohnzimmertisch. Da
saß Onkel Jörg, in seiner Strickweste über dem
weißen Hemd mit der purpurroten Krawatte.
Wann würde er endlich ihr Geschenk aus-
packen?

Endlich nahm er das DIN A 4-große Paket in die Hand. „Oh, von dir, Thea!", sagte er überrascht. „Ich glaube, das ist das erste Mal, das ich direkt von dir ein Geschenk bekomme. Welche Ehre."

Das werden wir ja sehen, ob das eine Ehre ist, dachte Thea. „Es wird dich bestimmt interessieren", sagte sie.

„Bestimmt", sagte Onkel Jörg.

Er holte Theas Magisterarbeit aus der Verpackung. Studierte den Titel. Runzelte kaum merklich die Stirn. „Seeeehr interessant", sagte er.

„Was ist es denn?", wollte Theas Mutter wissen. Sie lehnte sich zu ihrem Bruder und blickte strahlend auf: „Thea, bist du endlich fertig geworden damit."

„Ja", sagte Thea. Sie schaute Onkel Jörg ins Gesicht. „Ich bin fertig damit."

Nach dem Weihnachtsessen kam die schönste Zeit am Heiligen Abend. Die ganze Familie verstreute sich im Haus. Onkel Jörg setzte sich neben Thea aufs Sofa. Seine kleine rundliche

Gestalt, die glänzende Glatze und der penetrante Geruch nach seinem Rasierwasser waren ihr vertraut. Ihre Anspannung in seiner Gegenwart auch.

„Na, Theachen, da hast du es mir aber gegeben", sagte Onkel Jörg. „Ich habe nur mal schnell die Zusammenfassung deiner Arbeit gelesen. Das klingt mir so, als würdest du nachher in der Kirche Probleme bekommen, wenn sie die Weihnachtsgeschichte vorlesen."

„Kann schon sein. Ich weiß einfach zuviel darüber."

„Manchmal ist es besser, nicht zu viel zu wissen", sagte Onkel Jörg.

Theas Antwort kam schnell: „Die Wahrheit wird euch frei machen. Johannes 8,32. "

Das saß. Innerlich jubelte Thea, als sie das Gesicht von Onkel Jörg sah. Allein für diesen Augenblick hatte sich ein ganzes Studium der Theologie gelohnt – trotz Griechisch, trotz Systematik, trotz Professor Stumpenau. Endlich war sie soweit, Onkel Jörg Gleiches mit Gleichem zu vergelten, wenn er ihr mit seinen Bibelsprüchen kam. Zwanzig Jahre lang hatte der aufrechte Onkel Jörg, der bibeltreue Christ, ihr mit den seltsamsten Geschichten aus der Bibel seine krude Weltanschauung einzubläuen versucht. Damit war sie jetzt fertig. Endlich musste sie nicht mehr die andere Wange hinhalten.

Aber sie hatte Jörg unterschätzt. „Ich bin der Weg, die Wahrheit und das Leben, sagt Christus. Johannes 14,6. Wer sind wir, dass wir daran zweifeln?"

„Wir sind seine Ebenbilder. Genesis 1,27 .Er hat uns den Geist zum Denken gegeben. Und nicht zum Anbeten."

„Aber die heilige Schrift ist Gottes Wort, Thea."

„Ist sie nicht. Sie ist eine Zusammenstellung hunderter Berichte von Dutzenden Autoren darüber, wie Jesus gelebt hat. Und was er getan hat. Aber mehr Dichtung als Wahrheit."

„Aber nur in der Weihnachtsgeschichte erfahren wir, wie es in Betlehem war. Dass die Hirten kamen und die Engel."

„Nichts davon ist wahr, Onkel Jörg."

Jörg Klawuttke blickte vor sich hin. Thea sah ihn von der Seite an. Der Heilige Jörg, so hatten Thea und ihre Schwester Sophia ihn immer genannt. Der Heilige Jörg war immer im Recht. Er hatte für jeden Anlass ein Zitat und für jede Meinung eine Bibelstelle parat. Er hatte die gesamte Bibel dreimal gelesen. Von vorn bis hinten. Und er war stolz darauf. Thea hatte ihm nie erzählt, was Professor Aldini ihnen im ersten Semester gesagt hatte: „Konzentrieren Sie sich auf die wichtigen Stellen der Bibel. Das Auswendiglernen überlassen Sie ruhig den Computern und Papageien." Nein, Onkel Jörg war in seinem Glauben unerschütterlich. Selbstgerecht und schwer zu ertragen. Der Fels in der Brandung. Der Rufer in der Wüste. Der Ochs vor dem Berg.

Als Jörg weitersprach, war seine Stimme weich. Thea kannte das. Ihr Onkel machte auf guter Hirte und verlorenes Schaf. „Aber Thea. Es gibt einfach ein paar Wahrheiten, die man nicht leugnen kann, wenn man sich Christ nennt. Jesus ist der Sohn Gottes."

„Das hat er nie behauptet."

„Er ist gekreuzigt, gestorben und begraben ..."

„Stimmt."

„Auferstanden von den Toten und aufgefahren in den Himmel."

„Tut mir leid. Dafür gibt es keine Beweise."

Thea sah, wie Jörg überlegte. Gleich würde er mit seinen Lieblingsstellen der Bibel beginnen. Seine eigene, Klawuttkesche Theologie, die sich der Ingenieur im Tiefbauwesen zurechtgezimmert hatte. Das, was er ihnen in den letzten zwanzig Jahren immer als „Bauplan Gottes für ein funktionierendes Leben" verkauft hatte. Und richtig:

„Er sagt: Wer nicht für mich ist, ist gegen mich. Matthäus 12,30."

„Selbst wenn er das gesagt hat, hat er auch gesagt: Ich bin gekommen, um die Trauernden zu trösten. Jesaja 61,2.

„Ich bin gekommen, um das Schwert zu bringen. Matthäus 10,34."

„Wer das Schwert erhebt, wird durch das Schwert umkommen. Matthäus 26,52", erwiderte Thea. Das Kräftemessen machte ihr Freude.

„Seid wachsam und betet. Matthäus 26,41." sagte Jörg. Das war eines seiner Lieblingszitate. Wie oft konnte sich als Kind nicht einschlafen, weil sie Angst hatte, das kommende Reich Gottes im Tiefschlaf zu verpassen. Aber Thea hatte etwas dagegen gefunden: „Wenn ihr nicht werdet wie die Kinder, werdet ihr nicht das Himmelreich schauen. Markus 10,15."

„Der Mensch lebt nicht vom Brot allein. Matthäus 4,4", hielt Onkel Jörg dagegen.

„Er hat auf der Hochzeit von Kanaa für den Nachschub an Wein gesorgt."

„Das Weib schweige in der Gemeinde."

„Das war nicht Jesus, sondern Paulus. In der Urkirche gab es außerdem Priesterinnen und Bischöfinnen."

„Er hat keine Frau zu seinen Jüngern berufen."

„Er hat auch keinen Polen zum Papst berufen." Thea und Jörg schauten sich an. Ihr Onkel tat ihr ein bisschen leid. Über fünfzig, Glatze,

klein und dick. Jörg hatte keine Frau. Theas
Mutter fand das immer so schade. Er selbst
sagte immer, er sei so zufrieden. In den Urlaub
fuhr er mit seinem Freund Christoph. Der hatte
auch keine Familie. Seit Thea mit 15 verstanden
hatte, dass die beiden Männer lieber unter sich
waren, war das Thema für sie erledigt. Es hatte
sie auch nicht gewundert, dass Onkel Jörg die
Sexualmoral der Kirche nie verteidigt hatte.

„Thea, Thea", Jörg schüttelte den Kopf. „Du
hast das ja nun sechs Jahre lang studiert. Ich war
nur regelmäßig in der Kirche und habe meine
Bibel gelesen. Woran glaubst du denn eigentlich
noch?"

Gute Frage.

Thea liebte die Weihnachtsgeschichte. Weil
die Geschichte einfach zu schön war, um sie
nicht zu glauben. Die Botschaft, die hinter dem
Märchen von Lukas steckte, hatte sie immer
wieder fasziniert: Gott ist nicht da oben im
Himmel, er ist Mensch, er ist einer von uns.
Thea liebte die Botschaft dieses Jesus, dass die
Liebe stärker ist als Tod und Hass, diese Aufer-

stehung aus den Ängsten und Nöten. Sie liebte die Hirten, die als erste zur Krippe kommen und mit leeren Händen kommen, noch vor den Reichen und Weisen, die Geschenke bringen.

„Ich glaube an Weihnachten", sagte sie zu Onkel Jörg.

Der blickte sie verständnislos an. „Hast du mir nicht gerade hundert Seiten geschenkt, in denen steht, dass du nicht an Weihnachten glaubst?"

„Nein. Da steht nur, dass Lukas ein Märchenerzähler war."

„Also kannst du ihm doch nicht glauben."

„Doch. Er erzählt eine wunderschöne Geschichte. Was er sagen will, daran kann man sehr wohl glauben. Das es nicht so passiert ist, ist zweitrangig. Eigentlich interessiert das nur uns Theologen."

„Es macht dir als studierter Theologin also nichts aus, wenn ich weiter an Ochs und Esel und die Engel glaube?"

„Überhaupt nicht. Du musst eben nur wissen, dass du glaubst und nicht weißt."

„Aber dann glauben alle etwas anderes."

„Das tun die Christen sowieso. Und jeder weiß unterschiedlich viel. Nur die Pfarrer machen einen Spagat nach dem anderen. Heute nach wird Pfarrer Schultes wieder erzählen, wie das war mit Weihnachten in Betlehem. Aber er weiß, dass Jesus in Nazareth geboren wurde, ohne Stall, Esel, Hirten, Engel."

„Also glaubt jeder irgendwas. Was er gerade will."

„Nicht, was er will, sondern was er mit-bringt", sagte Thea. Sie kannte die Studien der Religionssoziologen. „Wer strenge Eltern hat, wird eher daran glauben, dass Gott die Einhal-tung der Gebote verlangt und ein strafender Vatergott ist. Die Welt ist dann erst einmal eine Bedrohung. Alles ist erst einmal negativ. Wer dagegen viel Freiheit, Geborgenheit und Zuwendung bekommt, wer viel fragen darf und Antworten bekommt, für den ist Gott eher ein Bruder. Oder eine Schwester. Er sieht die Welt positiver."

Onkel Jörg schaute zu seiner Schwester. „Dann ist deine Aufmüpfigkeit also ein Kompliment an meine Schwester und meinen Schwager", sagte er.

„Kann schon sein. Du, zum Beispiel, Onkel Jörg, du brauchst immer Regeln und Vorschriften. Alles muss seine Ordnung haben. Weißt du noch, wie peinlich berührt du in dem Restaurant warst, wo wir zahlen sollten, was uns das Essen wert war? So sieht auch dein Gott aus. Klare Regeln, klare Gebote, alles ist geordnet."

„Und du bist dann das Gegenteil?", fragte Jörg. „Du willst dich nie festlegen. Du erkennst keine Autorität an. Du fährst schwarz in der U-Bahn. Verabredungen machst du immer erst am gleichen Abend, falls noch was Tolles passiert. So sieht auch dein Gott aus: Alles ist möglich, alles ist erlaubt. Aber so ist Gott nicht."

„Woher weißt du das?"

„Ich glaube es."

„Eben."

Oh je, du fröhliche

Nach dem Adventssingen hatte Helene
Schluckser die Nase gestrichen voll.
Siebzehn Jahre lang hatte die
Organistin in der Paulus-Kirche die
Gottesdienste begleitet. Sie hatte in
der leeren Kirche ihre Orgel gedämpft,
hatte vor vollem Haus gespielt, auf
Kirchentagen georgelt und vor Kardinä-
len alle Register gezogen. Sie hatte auf-
gewühlte Gemeinden beruhigt und verschlafene
Gottesdienstbesucher aufgeweckt, in die Tasten
gehauen und das alte barocke Gemäuer von St.
Paulus zum Schwingen gebracht.

Aber jetzt war es genug.

Noch nie in siebzehn Jahren als Organistin
hatte Schluckser eine so maulfaule, verschnarchte
und uninteressierte Gemeinde erlebt wie beim
Singen der Adventslieder in der dunklen Kirche
vor der Christmette. Es war wieder einmal die

Not mit den Noten: Die Menschen sangen Vier-
telnoten als ganze. Sie traten mit ihren Kehlen
die Lieder breit zu einem Klangbrei, der kein
Anfang und kein Ende hatte. Sie kneteten mit
ihren Kiefern die wunderschönen alten Kirchen-
lieder wie Kaugummi, der schon längst seinen
Geschmack verloren hatte. Dann bleibt doch
zuhause, dachte Schluckser grimmig, als sie wieder einmal ihre Tempi dem Schneckentempo der
Gemeinde anpassen musste. Oder haltet den
Mund. Ich kann das auch allein spielen.

Sie dachte an ihren Vorgänger: Heinz
Schmittke, der in St. Paulus noch im Krieg als
Organist angefangen hatte und dann vierzig
Jahre lang die Orgel in der Kirche beherrscht
hatte. Schmittke hatte versucht, die ewig brum-
melnden Paulaner zu Sängern zu erziehen. „Wir
müssen zum Lobe Gottes in der Kirche Orgieln
veranstalten", hatte Schmittke gerufen. Doch
der „Orgel-Stalin an der Stalin-Orgel", wie ihn
die Jugend irgendwann getauft hatte, war in
Rente gegangen, ohne dass sich etwas geändert
hatte. Jeden Sonntag saß Schmittke in der drei-

zehnten Bank ganz links außen, wo das Seiten-
schiff die beste Akustik garantierte. Und knurrte
ihr nach dem Gottesdienst zu, dass sie sich wieder zweimal vergriffen hatte.

Schluckser schaute auf den Ablaufzettel für
die heutige Christmette. Da standen sie wieder,
all die Schlager und Evergreens, die die Leute
zu Weihnachten hören wollten. Schluckser versuchte, ihren Groll gegen die lahme Gemeinde
im Zaum zu halten. Die Hälfte von denen ließ
sich sonntags nicht blicken, dachte sie. Und
auch die andere Hälfte kam nur, weil es draußen
so kalt war. Plötzlich hatte Helene Schluckser
einen Einfall. Sie nahm den Ablaufplan zur
Hand, und studierte ihn intensiv, als könne sie
ihn nach siebzehn Jahren Christmette nicht aus-
wendig herbeten.

Der Gottesdienst begann. Zum Einzug stand
hier „Gotteslob Nr. 145: Stille Nacht." Schluckser lächelte. In den Apparat, der die Nummern
der Lieder für die Gemeinde anzeigte, tippte sie
die 137: „Tag an Glanz und Freuden groß allen,
die verloren!" Sie begann zu spielen.

Kaum jemand sang mit. Schluckser musste leise lachen.

Der nächste Zwischengesang: Geplant: Nr. 138: „Vom Himmel hoch". Schluckser tippte die 136: „Ein Kind ist uns geboren heut, das alle Welt erfreut". Voll klammheimlicher Freude ließ sie ihre Finger und Füße über die Tasten laufen. Die Gemeinde hörte sie nicht.

„Frau Schluckser!" Der Küster hatte es mehr gezischt als gesagt, als er plötzlich vor ihr stand. „Was ist denn los? Es waren ganz andere Lieder vereinbart. Die kennt doch niemand!"

„Oh, Herr Schrumm, das tut mir leid." Schluckser hatte sich wirklich erschrocken, als plötzlich der Mann im dunklen Talar vor ihr auf der ansonsten leeren Orgelempore aufgetaucht war. Sie blätterte in ihren Noten. „Hier habe ich ja den Ablaufplan: Als nächstes kommt: „Zu Betlehem geboren", Nr. 140, stimmt's?"

Als Schrumm die enge Holztreppe runterpolterte, lief Schluckser ihm nach und schloss die Tür ab. Als nächstes Lied ließ sie Nr. 146 folgen: „Ein Kind geborn zu Betlehem". Sie fühlte sich toll: Ein bisschen wild, ein bisschen aufsässig. Ein bisschen wie ein Forscher, der unentdeckte Schätze ans Licht hebt. Und dann vom Fluch des Pharao verfolgt wird.

Nach der Predigt kam Pfarrer Ohlauers Lieblingslied: „Nun freut euch, ihr Christen!" Gesangbuch Nr. 143. Nun ärgert euch, ihr Christen!, dachte Schluckser vergnügt, als sie 144 anstimmte: „Jauchzet ihr Himmel, frohlocket ihr Chöre!" Das Poltern von Schrumm an der Tür ließ sie in einer lang ausgedehnten freien Interpretation über die Hauptmelodie untergehen. Sie hörte Schrumm rufen: „Frau Schluckser, was ist denn los? Haben Sie was getrunken?"

„Vielleicht sollte ich das in Zukunft tun, bevor ich mich hier hinsetze", murmelte die Organistin. Dann wurde ihr klar, dass sie vielleicht gar nicht wieder an ihre Arbeitsstelle zurückkehren würde, wenn sie hier so weitermachte. Seltsamerweise berührte sie das nicht. Die sollen mal kommen, dachte sie. Das sind ja alles passende Lieder. Nur dass sie eben keiner kennt und keiner singen will. Sie musste an ihre

Kollegen denken, die bei letzten Organisten-
treffen des Bistums von den Protestaktionen
gegen die Einsparungen erzählt hatten. Der
Organist von Heilig Kreuz spielte nur noch
Trauermusik. Die Frau von St. Josef zwang die
Gemeinde, jedes zweite Stück a capella zu singen. Und der junge Organist von St. Theodor
jubelte Versatzstücke von „Love me tender"
oder „All you need is Love" unter die schwer
geistige Kirchenmusik. Wenn mich einer fragt,
dann sage ich eben, es ist ein Protest gegen das
Sparen, dachte Schluckser.

Kurz vor Schluss meldete sich dann der Pfarrer
persönlich. „Ich bitte unsere verehrte Organistin, Frau Schluckser, als nächstes Lied die
Nr. 811, ‚Auf Christen, singt festliche Lieder!'
zu spielen", sagte er am Altar zur Gemeinde.
Schrumm musste gepetzt haben. Die Gemeinde
raschelte erwartungsfroh mit den Gesangbü-
chern. Schluckser überlegte kurz. Dann ent-
schied sie sich für die Nr. 147: „Sieh, dein Licht
will kommen".

Der Gottesdienst näherte sich seinem Ende. Schluckser wusste: Zum Schluss der feierlichen Weihnachtsmesse musste „O du fröhliche" kommen. Alles andere war ein Sakrileg. Die offene Revolte. Also hielt sie die Füße und Hände still. Als der Schlußsegen erteilt war, konnte man die Spannung unten in der Gemeinde praktisch hören: Was machte Schluckser jetzt?

Eine halbe Minute verging. Schluckser genoss die Stille. Endlich einmal hörten sie ihr zu.

Dann stimmte Pfarrer Ohlau allein „O du fröhliche" an. Die Gemeinde fiel ein, erfreut, endlich ein Lied zum Mitsingen zu finden. Hunderte von Menschen konnten endlich das singen, was sie erwartet hatten. Der Gesang schwoll mächtig an und füllte die Kirche.

Sie hatten nicht mit der Organistin gerechnet. Die hieb mit einem mächtigen Crescendo dazwischen, ließ alle Pfeifen brausen und alle Bassregister brummen. Nach einem kräftigen Preludium erging sie sich in einem faszinierenden aber unsingbaren Weihnachtsstück von Prontek, einem modernen Komponisten, das sie noch aus Studienzeiten beherrschte.

„Wunderschön, aber nur etwas für eine leere Kirche oder ein Konzert", hatte ihr Professor gesagt. „Spielt das bloß nicht an Weihnachten."

Von der Gemeinde war nichts mehr zu hören. Resigniert trotteten die Menschen aus der Kirche, nicht ohne wütende Blicke und Rufe zu ihr auf die Orgelempore zu schicken. Schluckser spielte.

Als sie fertig war, klappte sie den Deckel der Orgel zu. Sie blieb einen Moment sitzen, und dachte nach: Würde sie im neuen Jahr zum Arbeitsamt gehen? Und wie sähe auf den Formularen „Kirchenmusikerin, 55 Jahre, gekündigt wegen falschen Liedguts" aus? Als es an der Tür wieder wummerte, lief sie zur anderen Tür, die durch den Seitenturm direkt nach draußen führte. Sie trat im Dunkel neben dem Haupteingang in den Pfarrgarten und schloss die Tür hinter sich.

„Ein starker Abgang, Frau Kollegin", sagte
die Stimme von Heinz Schmittke hinter ihr.
„Eine wahre Orgiel, die ich mich nie getraut
habe. Ich gratuliere."

–

Weihnachten im Zoo

Manne musste eingeschlafen sein. Jedenfalls wachte er auf seiner Bank am Zaun mit einem Ruck auf, als hinter ihm das kleine schmiedeeiserne Tor zuknallte. Im Lichtschein der Lampe über dem Tor sah er Herrn Burlend, der sich umdrehte, um mit seinem Schlüsselbund das Tor abzuschließen. Kaum war er fertig, ratterte die Hochbahn in den Bahnhof. Burlend sah sich um und rannte los, um die Bahn noch zu erreichen. Den Schlüsselbund wollte er in die Hosentasche stecken, doch er verfehlte sie. Die Schlüssel fielen zu Boden, machten aber in der dicken Schneedecke kein Geräusch. Burlend rannte weiter.

„He, Ihre Schlüssel!", wollte Manne rufen. Aber es kam nur ein leises Krächzen aus seiner

Kehle. Die vier Biere und die Schnäpse mit Charley vorhin bei der Weihnachtsfeier hatten seinen Hals ganz trocken gemacht. Als er sich geräuspert hatte, war Burlend im Bahnhof verschwunden. Manne sah, wie er gerade noch in die U-Bahn sprang. Dann fuhr die Bahn davon. Am Bahnhof Zoo war es wieder ruhig. Der Platz vor dem Zoologischen Garten lag jetzt ausgestorben da. Kein Schwein war zu sehen. Leise rieselte der Schnee.

Manne stand auf und nahm den Schlüsselbund. Er war schwer und hatte einen Anhänger in Form eines Panda-Bären. „Zoo Berlin" stand drauf. An dem Ring hingen bestimmt zwei Dutzend Sicherheitsschlüssel. Sie waren säuberlich beschriftet: „Elefantenhaus Küche", „Raubtierhaus Käfiggang" oder „Tropenhaus Fütterungsreihe". Manne kannte Herrn Burlend. Das war der Chef der Zooverwaltung. Letztes Jahr hatte er ein paar Mal tageweise im Zoo ausgeholfen und den Mist der Kamele mit einer Schubkarre abgefahren. Er hatte sich bei Burlend vorgestellt und ihm versprochen, für die Zeit im Zoo nichts zu trinken. „Unsere Klienten hier sind viel zu gefährlich, um betrunken mit ihnen umzugehen, Herr Kösters", hatte Burlend gesagt. „Aber ich nehme Sie. Nachbarn müssen doch zusammenhalten." Er hatte gelacht. Und Manne war darauf immer stolz gewesen. Der Zoochef und er, der Berber vom Zoo, als Nachbarn. Manne mochte den Zoo. Es war immer so friedlich hier. Manchmal ließ Burlend ihn durch die Verwaltungstür auf das Gelände, gab ihm einen Besen und ließ ihn die Wege kehren. Dann bekam er ein paar Stullen aus der Kantine und setzte sich auf eine Bank in die Sonne. Die Käfige waren für ihn tabu. Manne genoss diese Ausflüge in die Scheinnatur gleich neben dem dreckigen und hektischen Bahnhof Zoo.

Und jetzt hatte er sie in der Hand. Die Schlüssel zum Paradies.

Manne sah sich um. Immer noch alles ruhig. Mit zitternden Händen schloss er die Tür auf und huschte hindurch. Leise ließ er sie ins

Schloss fallen und schloss wieder zu. Er war drin. Und was jetzt?

Das Nachttierhaus! Es hatte ihn immer interessiert, ob dort in der Nacht das Licht anging. Er machte sich auf den Weg. Der Schnee fiel stetig und lautlos und verwandelte den Park in eine Winterlandschaft. Links von ihm steig der Gemsenfelsen empor. Er war verschneit wie ein Sechstausender in den Anden. Kurz hinter der Ecke auf der rechten Seite warteten die Eisbären. Unbeweglich saßen die riesigen Viecher auf ihren Steinen und ließen sich den Pelz vollschneien. Im Wasserbecken vor ihnen trieben sogar ein paar echte Eisschollen. „Wenigstens ihr fühlt euch wohl", brummte Manne und zog den Reißverschluss an seinem alten Bundeswehr-Parka bis oben hin zu. Warm wurde ihm trotzdem nicht. Da halfen auch die Schnäpse nicht. Ein kalter Schauer lief ihm über den Rücken. War da was? Hastig drehte Manne sich um. Er kam ins Stolpern. Aber wenigstens hatten sich die Eisbären nicht bewegt.

Im Nachttierhaus war es schön warm. Manne öffnete seinen Parka und griff in die Innentasche. Die Flasche war noch da. Ein kurzer Inspektionsgang zeigte ihm, dass tatsächlich das Licht an war. Die Fledermäuse hingen schlafend an der Decke. Sonst war keines der nachtaktiven Tiere zu sehen. Manne über-legte kurz, was nachtaktive Tiere wohl tun müssten, um tagsüber aufzubleiben. Wir machen Licht im Dunkeln an, dachte er. Was tat eine Wüstenspringmaus, wenn sie am Tag nicht schlafen wollte: Eine schwarze Brille tragen? In einem dunklen Loch sitzen? Und Weihnachten müsste die Maus vor einem Baum mit schwarzen Kerzen und auf die Geschenke warten?

Das Neonlicht störte ihn. Er kletterte aus dem Keller der Nachtaktiven und legte sich oben im Raubtierhaus auf eine Bank. Direkt gegenüber von seinem Lieblingstier, dem schwarzen Panther. „Prost, Baghira!", sagte der Einbrecher und schraubte seine Flasche auf. Genüsslich ließ es den Alkohol in seinen Magen rinnen. Der Panther ließ ihn nicht aus den

Augen. Es war fast dunkel, aber die Augen des Tieres funkelten.

Ein lautes Knurren schreckte Manne auf. Panisch wirbelte er herum. Alle Käfige waren geschlossen. Die Löwen, die Tiger, die eklige Hyäne, alle waren an ihren Plätzen. Wieder knurrte sein Magen. Trotz des sanften weißen Nebels, der seinen Kopf langsam von innen einhüllte, stand Manne auf. Er hatte einen Bärenhunger. Den ganzen Tag hatte er außer den pappigen Brötchen zum Frühstück bei der Bahnhofsmission noch nichts gegessen. Es war Weihnachten! Er hatte ein Festmahl verdient, schließlich waren ihm die Schlüssel zum Zoo in die Hände gefallen. Herr Burlend hatte Glück, dass Manne den Schlüssel gefunden hatte und nicht einer von diesen Pennern, die nur irgendwelchen Blödsinn damit gemacht hätten.

Im Schein der Lampe vor dem Raubtierhaus studierte Manne den Schlüsselbund genauer. Leider fehlten die Schlüssel zur Kantine oder zum Restaurant. Auch das Imbisshaus unterstand offenbar einem Pächter, und nicht Herrn

Burlend. Aber hier: „Pinguinhaus Fischraum".
Manne liebte Fisch! Am besten Sprotten oder
Sahnehering. Mal sehen, was die Pinguine so
bekamen. Schnell lief er um zwei Ecken durch
den Schnee und schloss das Pinguinhaus von
hinten auf. Er machte Licht und sah durch eine
Glastür, dass die Pinguine sich schön brav zu
einer großen Kolonie zusammengedrängt hatten: Große und kleine, alle Arten, standen sie
nebeneinander auf ihren künstlich gekühlten
Fliesen. Manne sah sich im Fischraum um: Auf
Regalen standen große weiße Eimer mit Fisch.
Sardellen, Heringe, ihm lief das Wasser im
Mund zusammen. Er hatte den ersten Hering
schon in der Hand, da fiel ihm etwas ein: „Die
muss man ja kochen. Ich bin doch kein Pinguin,
der sie roh isst. Und das ist kein Sushi." Enttäu-
schung überschwemmte seinen betrunkenen
Kopf. Auf dem Tisch in der Mitte des Raumes
lag eine Plastiktüte. Manne stopfte zwei Hand-
voll Heringe und Sardellen hinein. Die konnte
er in der Notunterkunft immer noch braten.
Aber dann trottete er wieder durch den Schnee.

„Eigentlich ganz schön fies von mir, den Tieren ihr Weihnachtsessen zu klauen", dachte er. Dann fiel ihm ein, was er gestern in der Zeitung gelesen hatte: „Weihnachtsschmaus für die Maus! Doppelte Rationen im Zoo!" Ein großer Futtermittelhersteller hatte den Tieren eine Festtagsfuhre spendiert. Mannes Schritt wurde leichter. „Die Viecher werden sonst noch zu fett", dachte er. „Eigentlich helfe ich ihnen nur."

Der Schlüssel zum Affenhaus passte. Leise pirschte er sich durch die Dunkelheit. In den Käfigen hinter den Gittern hockten die kleine Affen: Lemuren, Makaken und Totenkopf-äffchen. Und Manne war auf der Suche nach ihrem Essen. In der Küche blitzte der Edelstahl aus allen Ecken. Im Kühlschrank fand Manne eine große Tüte Möhren. Kohlrabi lag daneben. Er biss in eine Möhre und packte eine Hand voll davon ein.

„Fleisch", dachte er. „Ein saftiges Steak hatte ich auch lange nicht." Gleich nebenan war wieder das Raubtierhaus. Auf Zehenspitzen schlich Manne so leise es ging im Dunkeln in den Versorgungstrakt hinter den Löwen und Hyänen. Klar, die Viecher waren alle in ihren Käfigen. Aber er wollte keine allgemeines Gefauche riskieren. Behutsam öffnete er die Kühlschränke in der Küche. Alles leer. Auch die Schränke waren innen so sauber wie außen. Vorsichtig und ohne Licht öffnete er die Tür am Ende der Küche. Ein dunkler Gang lag vor ihm. Aus ihm kam der Geruch von saftigem Fleisch. Manne tappte in den Gang. Rechts war ein Gitter. Plötzlich explodierte an dem Gitter ein braunschwarzes Fellbündel mit ohrenbetäubenden Gejaule und Gekreisch und wütend aufgerissenem Maul, das ans Gitter schlug, wo eben noch seine Hand gewesen war. Die Hyäne musste ihn die ganze Zeit beobachtet haben. Entsetzt taumelte Manne zurück und trat aus Versehen in einen Eimer, der hinter ihm stand. Polternd ging er in dem engen Gang mit den weißen Fliesen zu Boden. Die Hyäne lachte ihr schäbigstes Lachen. Manne zog den Fuß aus dem Eimer. In dem weißen Plastik lagen noch zwei riesige Koteletts. „Das hat sich ja gelohnt", murmelte

Manne und packte eines der Fleischstücke zu den Möhren und Fischen.

Auf dem Weg zum Elefantenhaus leerte er seine Schnapsflasche. Weihnachtliche Wärme breitete sich in ihm aus. Jetzt noch ein Brot von den Elefanten, und sein Essen war komplett. Die Tür zur Küche des Elefantenhauses ging nicht auf. Der Schlüssel passte einfach nicht. Gleich daneben war allerdings eine andere Tür. Sie öffnete sich mit dem Küchenschlüssel. Warmer Elefantenmuff schlug Manne entgegen. Vor ihm ein Gang, rechts und links zwei hohe Gitter, die sich im Dunkeln verloren. Schnell zog er die Tür zu und stand im Dunkeln. Neben ihm bewegte sich eine dicke graue Säule. Er stand mitten in der Elefantenherde. Mit klopfendem Herzen machte Manne ein paar vorsichtige Schritte und blickte sich nach einem Weg zur Küche um.

Die Dusche kam völlig überraschend. Zum Glück war das Wasser warm. Es roch durchdringend nach Elefant, was Manne da von rechts oben über die Schulter geschüttet wurde.

Sein Parka und sein rechtes Hosenbein waren sofort durchnässt bis auf die Haut. Manne spürte noch den Rüssel des Elefanten, der durch sein filziges Haar wuschelte und mit seinen zwei Fingern („ein afrikanischer Elefant!", dachte er unwillkürlich) seine Kophaut abtastete. Dann rannte er nur noch in Panik den Gang herunter und stieß die Tür auf. Hundert Meter hinter dem Elefantenhaus blieb er stehen und zwang sich, ruhiger zu atmen. Sein nasses Anorak dampfte in der Kälte. Manne konnte fühlen, wie sein nasser Körper an Temperatur verlor. Der Elefanturin hatte ihn wieder halbwegs nüchtern gemacht. Er wusste: Bei minus zehn Grad und Schneefall hatte er mit nassen Klamotten gute Chancen auf eine Lungenentzündung oder Schlimmeres. Er brauchte dringend neue Sachen und eine warme Unterkunft.

Das Primatenhaus lag gleich nebenan. Mit bereits klammen Fingern nestelte Manne an der Tür. Am Ende eines kurzen Ganges mit braunen Fliesen fand er ein Bad. An einem Haken hing ein roter Frotee-Bademantel. Als Manne seine Nase in dem Stoff versenkte, hielt er den Atem an. Der Mantel stank entsetzlich nach ungewaschenem Tier. Dabei mussten sie die Schimpansen, Orang Utans und Gorillas doch hier waschen! Benutzten die denn überhaupt kein Shampoo?

Er hatte keine Wahl. Manne schälte sich aus seinen nassen, kalten Klamotten und hängte sie über einen Heizkörper in der Ecke. Er zog den Bademantel an und wickelte sich fest in ihm ein. Wenigstens war ihm hier warm. Er würde die Nacht hier verbringen und sich morgen früh unter die Besucher mischen. Fehlte nur noch ein Platz zum Schlafen. Er nahm einen kleinen Teddy, der auf einem Stuhl saß, und ging weiter.

Leise schlich Manne durch den Gang hinter den Käfigen. Oben auf ihren Kletterbäumen schnarchten die Affen. Plötzlich sah er auf dem Boden des Schimpansenkäfigs ein Tablett mit Früchten stehen: Mangos, Bananen, Birnen, Apfelsinen. Alles in bester Qualität, nicht dieses Gammelobst, das Manne manchmal von den Gemüsehändlern schnorren konnte. Er tastete nach den Schlüsseln, bis er den „Käfig Schimpansen" gefunden hatte. Manne hielt den Atem an und lauschte. Über ihm zeugten die tiefen ruhigen Atemzüge vom gesunden Schlaf des Schimpansen-Pärchens. Lautlos drehte er den Schlüssel im Schloss. Ohne Geräusch schwang die Gittertür auf. Vorsichtig steckte Manne einen Fuß in den Käfig und hielt sich mit dem anderen Fuß am Gitter der Tür fest. Er streckte seine Hand nach dem Tablett aus und nahm eine Bana ...

Mit siebzehn war Manne einmal von einem Auto erfasst worden. Mit ähnlicher Wucht traf ihn jetzt der Affe. Eine übermächtige Gewalt riss ihn nach oben. Zwei starke, beharrte Arme katapultierten ihn fünf Meter in die Höhe. Die Tür knallte hinter ihm ins Schloss. Der Gestank nach Fell und der Maulgeruch des Affen nahmen ihm den Atem. Er sah die gelben Zähne des Schimpansen direkt vor sich und registrierte die scharfen Reißzähne. Voller Panik hielt er seine Hände vor dem

Gesicht. Er merkte, wie der Bauch des Teddys aufriss und ihm mit einer Kaskade aus weißen, weichen Füllmaterial den Kopf bedeckte. Der gewaltige Brustkorb des kleinen Tieres und seine starken Arme hielten ihn wie in einem Schraubstock. Dann entriss ihm eine Hand seine Tüte. Schmatzend machten sich die drei Schimpansen über sein Essen her. Der Schimpanse, der ihn vom Boden geangelt hatte, hielt ihn immer noch fest. Und Manne war ihm fast dankbar, denn er hatte keine Lust, aus fünf Metern auf den dreckig-gelben Linoleum-Boden zu knallen. Dann schwang der Affe mit ihm im Arm zu einem der Autoreifen, die an der Scheibe an starken Tauen hingen. Er angelte nach einem zweiten. Manne wurde kopfüber in die beiden Autoreifen gesteckt. Dann wurde es dunkel um ihn herum.

„Schau mal, Mama", sagte das Kind ein paar Stunden später. Die Morgensonne schien ins Primatenhaus. „Der Weihnachtsmann war wirklich auch bei den Affen, wie du es gestern erzählt hast." Und wirklich: Im Affenkäfig hing ein Mann im roten Mantel und mit langem weißen Bart. Nur hatte er den Sack über den Kopf gezogen, und er baumelte in zwei alten Autoreifen. Er regte sich, aber nur sehr schwerfällig.

„Ja", sagte die Mutter und blickte nach oben. „Der Weihnachtsmann hatte gestern einen anstrengenden Tag. Aber jetzt lässt er sich ganz schön hängen."

Ein Job für richtige Männer

„Niemals", hatte Fischer gesagt.

„Man soll nie nie sagen", hatte sie geantwortet.

„Weihnachtsmänner sind Männer", Fischer fühlte sich in seiner Logik sicher. „Du bist eine Frau. Also bist du kein Weihnachtsmann."

„Der Weihnachtsmann hat kein Geschlecht", erwiderte Kerstin. „Das ist so wie Vater Staat oder wie Mutter Erde. Und außerdem bin ich verkleidet und verstelle meine Stimme. Niemand wird es merken."

„Nix da." Fischer blieb stur. „Was ich dir anbieten kann, ist Weihnachtsengel. Das kannst du machen. Aber solange ich diese Weihnachtsmann-Vermittlung an dieser Uni leite, ist das ein Männerjob. Vielleicht der letzte überhaupt."

Kerstin stand im Hugo-Meyer-Ring 12 und dachte an das Gespräch mit Fischer. Unter dem furchtbar kratzenden Bart aus weißer Watte musste sie grinsen. Sie hatte Fischer nicht überzeugt. Sondern ihm die Statuten der Universität gezeigt: Keine Diskriminierung nach Geschlecht, Alter, Rasse oder sexueller Orientierung stand da. Und Kerstin hatte mit einer Klage bei der Gleichstellungsbeauftragten gedroht. Nicht umsonst hatte sie als Wahlfach Gender Mainstreaming gepaukt. Und sie brauchte diesen Job. Ihr alter R4 benötigte dringend einen neuen Motor. Nur mit Mühe und wütendem Keuchen hatte er sie in die Trabantensiedlung am Rande der Stadt gebracht.

Der Vater wartete schon im dritten Stock vor der Haustür. „Gut, dass Sie kommen", sagte er und zeigte auf die Geschenke. „Die Namen stehen drauf. Und machen sie denen ruhig richtig Feuer. Ein bisschen Respekt hat noch keinem geschadet."

Kerstin klopfte an die Tür. Mit Geheul wurde sie aufgerissen und zwei blonde Kinder zogen sie ins Wohnzimmer: „Weihnachtsmann, was hast du für uns?" Sie stellte ihren Sack ab und holte die Rute raus. „Ich habe gehört, ihr wart nicht immer artig. Ist das so?" Die Kinder guckten enttäuscht. „Der Weihnachtsmann weiß alles", rief die Mutter, die in silber glänzenden Leggins im Sofa versank. „Und er weiß noch nicht, ob ihr dieses Jahr überhaupt was bekommt." Die Kleine, Kerstin schätzte sie auf drei Jahre, fing an zu weinen. Auch der Große guckte betreten. „Na, na, so schlimm war es ja wohl nicht ...", wollte sie die Kinder beruhigen.

„Weihnachtsmann, wir haben dir doch alles in dem langen Brief geschrieben", sagte der Vater, der hinter ihr stand. „Dass der Marco nie aufessen will. Und dass Caroline immer noch in die Windel macht." Jetzt heulte auch der Große los. Kerstin dachte: Ich hätte kellnern sollen.

Bei Familie Schülling drei Aufgänge weiter pochte das Blut immer noch in ihren Schläfen. Als sie ins Wohnzimmer kam, lief der Fernseher auf voller Lautstärke. Immerhin stellte der Vater den Ton ab. Doch die gesamte Familie blickte weiter auf den flackernden Bildschirm. Kerstin wusste nicht, was sie am meisten irritierte: Der gleichzeitige gierige und enttäuschte Blick der Tochter, das Desinteresse der Eltern und Verwandten an ihrer Vorstellung, als sie ihr armseliges Gedichtchen runterleierte oder die Tatsache, dass sie nicht sehen konnte, was im Fernsehen lief. 25 Euro, vielen Dank und frohe Weihnachten. Draußen schwitzte Kerstin trotz der Kälte.

Bei Fritzchen und Mario dagegen volle Konzentration auf den Weihnachtsmann. „Was hast du denn für ein Auto?" Einen Schlitten? „Erzähl doch keine Märchen. Brauchst mindestens Vierrad bei dem Schnee." Waren im Sack denn die neuen Modelle von der BMW 7er Reihe? Wie, der Weihnachtsmann wusste nicht, wie schnell die waren? Und der große Fotoband über die besten Trainer der Bundesliga? „Ähhm, das hier? Sternstunden der Menschheit?", fragte Kerstin. „Weihnachtsmann, du hast ja keine Ahnung", rief Fritzchen. Sein Vater war der gleichen Meinung. „Ich habe doch extra gesagt, wir

brauchen einen, der was von Fußball versteht",
sagte er hinterher vor der Tür. Die Weihnachtsfrau fühlte sich fehl am Platz. Hatte Fischer
recht gehabt? Kein Trinkgeld bei dieser Station.

Das gab es dann bei Familie Sondersheim im
Überfluss. Schon der Vater vor der Tür hatte
eine Fahne wie ein Flaggschiff. Drinnen standen die Likörflaschen auf dem Couchtisch und
außer dem dreijährigen Sohn und der asiatisch
aussehenden Mutter war die Couchgarnitur in
Eiche massiv mit einem Dutzend schnauzbärti-
ger Männer besetzt. Kegelclub oder Fußballver-
ein? fragte sich Kerstin im Stillen, als der kleine
Junge fehlerfrei sein Gedicht aufsagte. „Und
jetzt einen auf Ex, Weihnachtsmann!", rief der
Mann, der ihr am nächsten saß und reichte ihr
ein Schnapsglas. Kerstin lehnte höflich ab. „Hab
dich doch nicht so, Alter, ist Weihnachten!", rief
ein anderer. „Hast wohl noch was vor mit der
Weihnachtsfrau heute abend, was?", dröhnte ein
Dritter. Der Tisch wieherte vor Lachen. „Deine
Alte kann sich die Geschenke ja aussuchen", rief
einer aus dem Hintergrund, „nimmt wahr-

scheinlich immer den mit dem Größten. Also mich." Wieder eine Runde Lachen. Als Kerstin die Wohnung verließ, fühlte sie sich irgendwie dreckig.

Frau Petersen war die vorletzte Station. Nur sie und ihre kleine Tochter. Alles sehr ordentlich und manierlich. Kerstin atmete auf. Gedicht, ein paar Minuten Unterhaltung mit der kleinen Jennifer und der Mutter, ein kleines Stück Kuchen. Kerstin schöpfte Hoffnung. Vielleicht war der Job als Weihnachtsmann ja doch nicht nur eklig und widerwärtig. Beim Abschied drückte sich plötzlich die Mutter an Kerstin. „Um acht ist die Kleine im Bett, Weihnachtsmann. Dann bin ich so einsam. Willst du mich nicht mit deiner Rute besuchen?", flüsterte sie ihm ins Ohr. Kerstin musste sich zurückhalten, um nicht laut loszuschreien.

Vor ihrem letzten Auftritt musste sie sich erst einmal ein bisschen sammeln. Tief atmete sie die kalte Nachtluft ein. Sie hatte in der Zigarettenfabrik am Band gestanden. Sie hatte sich im Lohnbüro dieser Spedition vom Abteilungsleiter auf den Hintern gucken lassen. Sie hatte bei Burger King Buletten gebrutzelt. Aber kein Studentenjob war ihr härter vorgekommen als die Beglückung der Menschen zu Weihnachten. Vielleicht hätte sie doch als Engel mit einem Weihnachtsmann mitgehen sollen. Vielleicht hätten sich dann die Leute ein bisschen zurückgehalten. Auch wenn sie nur die Hälfte verdient hätte. Inzwischen wäre es ihr die Sache wert gewesen, jemanden bei sich zu haben.

„Was ist das denn!", rief der Vater, als sie ins Haus kam. „Wir hatten aus-drück-lich einen WeihnachtsENGEL bestellt. Unsere Tochter fürchtet sich vor dem Weihnachtsmann." Kerstin lehnte sich an die schmutzig grün getünchte Wand im Flur des Plattenbaus und schloss die Augen. „Da muss es einen Fehler gegeben haben", sagte sie matt. „Fehler, Fehler, und mein Weihnachten ist ruiniert. Ihr Studenten denkt immer, alles ist so einfach. Aber nichts auf die Reihe kriegen."

„Hören Sie, ich kann ein Engel sein", sagte Kerstin. Sie nahm die Kapuze vom Kopf, zog den Schnurrbart ab und schüttelte ihre braunen Haare in Position, die bis auf die Schultern fielen. Der Mann war plötzlich sprachlos.

Seine Tochter hatte dieses Problem nicht. „Du bist kein Engel, du bist ein Weihnachtsmann!", kreischte sie, als Kerstin ins Zimmer kam. Das Kind flüchtete hinter den Rücken ihrer Mutter. „Doch, ich bin ein Engel", sagte Kerstin. „Der Weihnachtsmann hat heute soviel zu tun, dass ich ihm aushelfe." Das Mädchen war nicht zu beruhigen. „Warum hast du den Mantel an?", rief sie. „Weil alle Helfer des Weihnachtsmanns gleich aussehen müssen. Außerdem sind im Himmel alle gleich. Da gelten Frauen soviel wie Männer und Engel soviel wie der Weihnachtsmann."

„Ich will dich nicht sehen", sagte das Mädchen. „Du bist bestimmt ein Schmutzengel. Jeder hat einen Schmutzengel."

„Du meinst einen Schutzengel. Ja, ich beschütze Menschen. Vor allem Kinder."

„Und warum ist dann Yasmin aus meiner Klasse vom Auto überfahren worden?"

Kerstin versuchte etwas anderes. „Ich zeige dir einen Trick, den nur Engel können", sagte sie. Dann wischte sie mit den Händen durch die Luft und zog hinter dem Ohr des Mädchens eine Murmel hervor. Alles, was sie vom Zauberkurs noch konnte.

„Das ist ein Zaubertrick und kein Engeltrick", plärrte das Mädchen. „Engel können fliegen."

„Ich nicht", sagte Kerstin. Sie fühlte sich bleischwer. Jedes Flugzeug mit ihr an Bord wäre abgestürzt. „Aber ich kann englisch. Und ich habe eine Engelsgeduld mit dir." Und ich wünsche dir die Hell's Angels an den Hals, dachte sie. Dann gab sie dem Kind die Geschenke. Auch hier kein Trinkgeld.

Als Kerstin zu ihrem Auto durch den Schnee stapfte, merkte sie, dass ihre Beine zitterten. Vor lauter Anspannung hatte sie sie eineinhalb Stunden lang verkrampft. Auch der Rücken meldete sich wieder.

Sie warf den schlappen Jutesack hinten in ihren Kastenwagen. Dann ließ sie sich schwer

auf den Fahrersitz fallen und trank die Sprudel-
flasche vom Beifahrersitz auf einen Zug leer.
Vielleicht hatte Fischer sie nur warnen wollen.
Vielleicht war dieser Knochenjob körperlich
aber vor allem psychisch wirklich ein Männer-
beruf. Vielleicht sollten Frauen lieber auf dem
Bau und als Automechanikerinnen arbeiten als
in diesem affigen Kostüm als Weihnachtsdienst-
leister. Sie drehte den Zündschlüssel.

Nichts.

Noch einmal, diesmal mit Schwung.

Nichts. Ihr guter alter R4 hustete ihr noch
nicht einmal eins. Er war einfach tot. Kerstin
ließ den Kopf aufs Lenkrad sinken. Dann fischte
sie nach dem Handy in ihrem Rucksack.
Schaute kurz ins Handschuhfach und wählte die
22 22 22 „Guten Abend, hier ist der ADAC
Notruf", sagte die Stimme am anderen Ende.
„Womit kann ich Ihnen helfen?"

Sie brauchte jetzt schnell und zuverlässig
einen Engel. Und wenn es ein gelber war.

Weihnachtsessen mit dem Spice Girl

Natürlich waren die Klöße wieder verkocht. Als Wilhelm Schnottke seine Gabel in die weichen Kartoffelklöße versenkte, stieg die Wut in ihm auf. Wie oft hatte er Greta gesagt, dass er seine Lieblingsspeise hasste, wenn sie sich unter ihren Händen in solch glibberiges Zeug verwandelt hatte. Angeekelt schob der die Klöße an den Rand, dass die Soße spritzte. „Entschuldige, meine Liebe, aber die Klöße schmecken widerlich", sagte er zu seiner Frau. Er konnte Gretas Gesicht kaum erkennen, weil sie auf der anderen Seite der Tafel saß. Die Kerzen des weihnachtlich gedeckten Tisches nahmen ihm die Sicht. Das Esszimmer ihres großzügigen Hauses wurde noch großzügiger mit Sonnenlicht durchflutet. In den Gläsern schwamm ölig und rot der Saint-Emilion Grand Cru, Jahrgang 85, von dem sich Wilhelm Schnottke zur Feier des Tages zwei Flaschen genehmigt hatte. Aus den Lautsprechern perlte Händels „Feuerwerksmusik“. Es war das perfekte Weihnachtsessen. Bis auf die Klöße.

„Es tut mir leid, Wilhelm“, sagte Greta still. Ihre grauen Haare hingen ihr ins Gesicht. Die magere Gestalt saß gekrümmt am Tisch. Ihre Beine bewegten sich unruhig. Man sieht ihr an, dass sie sich weit weg wünschen würde, dachte Schnottke. Wenn sie es sich denn mal trauen würde, überhaupt etwas zu wünschen.

Laut sagte er: „Du hättest halt nicht diesen Quatsch mit dem Papst gucken sollen. Das war doch wieder abzusehen. Jedes Jahr das gleiche.“ Erster Weihnachtstag, 12 Uhr mittags war immer High Noon bei Schnottkes. Mühelos organisierten sie sonst ihr Leben: Wilhelm nahm seine Termine wahr – in der Firma, dem Gemeinderat und beim Rotary-Club. Greta verbrachte viel Zeit in der Bibliothek der Kirchengemeinde, wo sie aushalf. Aber seit ihr

Sohn Jens vor sieben Jahren ausgezogen war, blieb eigentlich nur noch ihre Aufgabe als Hausfrau.

Umso schlimmer, wenn es dann lief wie an Weihnachten. Wilhelm freute sich auf die Klöße, und sie mussten Punkt halb eins auf dem Tisch stehen. Da war er seit 32 Ehejahren eisern. Sie aber wollte den Weihnachtssegen des Papstes nicht verpassen. Und der begann erst um zwölf. Und bis nicht auch das „Geseeegnete Weihnachten" in Kisuaheli verklungen war, konnte sie nicht zurück zu den Klößen. Und wenn sie dann kam, war das Ergebnis manchmal schon mehr Kloßbrühe. Klar, dass er sauer war. Jedes Jahr suchte sie nach einem Kompromiss. Jedes Jahr scheiterte sie daran.

„Die Gans ist wenigstens essbar", sagte Wilhelm mit vollem Mund. Eines musste sie ihm lassen: Er aß sein Essen, auch wenn es ihm nicht schmeckte. Er nahm sogar noch ein zweites Mal und manchmal noch einen dritten Schlag. Wer als Kind gehungert hatte, aß, was auf den Tisch kam. Auch wenn er sich dabei laut beschwerte.

„Aber wieder so extrem salzig. Geht das nicht dezenter?", fuhr er sie an.

„Es tut mir leid, Wilhelm", sagte Greta wieder fast unhörbar. Sie schlang schnell ihren letzten zerlaufenen Kloß herunter (die einzigen halbwegs akzeptablen Klöße hatte sie ihm gegeben). Sie stand hastig auf, um den Tisch abzuräumen, schwankte kurz und stieß gegen den Tisch. Nichts war passiert, aber Wilhelm brauste auf. „Bist du schon so betrunken, Greta? Reiß dich ein bisschen zusammen! Es ist schließlich Weihnachten." Greta murmelte eine Entschuldigung und huschte in die Küche. Wilhelm sah ihr hinterher. Wie konnte ich so etwas je sexy finden?, dachte der Mann. „Ich wette, du hast schon wieder zugenommen!", rief er ihr in die Küche hinterher. „Lass dich nicht so gehen, Greta!"

Schnottke schob den Teller beiseite und nahm sich die Zeitung. Mit dem „Vermischten" fing er an. Klatsch und Tratsch in der Zeitung faszinierten ihn mehr als alle Aktienkurse. Prinz William hatte also offenbar seine Affäre mit der schönen jordanischen Stewardess beendet; Waldbrände tobten auf Korsika. Eine Frau war zu zwölf Jahren Haft verurteilt worden, weil sie ihren Mann vergiftet hatte.

„Wegen heimtückischen Mordes ist gestern die 47-Jährige Vera N. von der Großen Schwurgerichtskammer des Oberlandesgerichts Hamm zu zwölf Jahren Haft verurteilt worden", las Schnottke mit heimlichen Gruseln. „Die Frau war geständig. Sie hatte ihren Mann über Wochen hinweg vergiftet, indem sie ihm ständig geringe Dosen eines hochwirksamen Giftes ins Essen mischte. Um den Beigeschmack des Gifts zu verdecken, hatte sie das Essen sehr stark gewürzt. Doch als ihr Mann Verdacht geschöpft hatte, war es zu spät. Siegmund F. (53) starb qualvoll in der Klinik. Auch eine jahrzehntelange schlechte Behandlung durch den Ehemann ist keine Entschuldigung für ein so hinterhältiges Verbrechen, erklärte die Richterin bei der Urteilsverkündung …"

„Sachen gibt's", sagte Schnottke laut. Er lies die Zeitung sinken und griff nach dem Wasserglas. Wie immer in den letzten Wochen hatte er nach dem Essen furchtbaren Durst. Er trank das Glas auf einen Zug leer und goss sich ein zweites ein. Er müsste mal Doktor Breinings fragen, woher das kommen könnte. Er war nicht mehr der Jüngste, der 60. Geburtstag stand im Mai an. Wieder fühlte er das Salz auf der Zunge und setzte das Glas an. Plötzlich hielt seine Hand mitten in der Luft an. Sein Mund stand offen, die Augen blickten ins Leere. Greta hatte in letzter Zeit das Essen immer so stark gewürzt. Das war doch ein bisschen seltsam. Letzte Woche dieser Fisch, da hatte er nur noch den Curry geschmeckt. Davor am Wochenende dieses völlig verpfefferte Gulasch. Er bildete sich ein, er könne die Pfefferkörner jetzt noch auf der Zunge fühlen. Ja, jetzt, wo er darüber nachdachte: Greta hatte im ganzen Advent anders gekocht als sonst. Früher hatte sie immer gepredigt, zu viel Salz sei nicht gut für seinen Blutdruck. Jetzt vertrat sie das Gegenteil: „Im Alter lassen die Geschmacksnerven nach. Da muss man ein bisschen nachwürzen", hatte sie am

Dienstag gesagt, als er die Nudelsoße ein wenig zu scharf fand.

Ein übles Gefühl beschlich Schnottke. Sein Magen begann zu drücken. Er fühlte einen leichten Schweißfilm auf der Stirn und stellte sein Glas ab. Er dachte an den Viktoriabarsch in Salzkruste, den Greta zum ersten Advent serviert hatte. An das Steak, an dem man nur die Barbecue-Soße wahrgenommen hatte; an das Chili con Carne, das nur aus Cayenne-Pfeffer zu bestehen schien. Selbst den Risotto hatte Greta auf dem Tisch noch mit einem superkräftigen Schuss Maggiwürze aufgepeppt. Und er hatte alles gegessen, bis die Töpfe leer waren. Ihren salzigen Schinken („das Pökelsalz", hatte sie gesagt!), das messerscharfe Frikassee („mir ist die Soße ein bisschen ausgerutscht, es tut mir leid"). Die Lasagne mit den Kräutern, die ihm fast die Schleimhäute verätzten. Und diesen türkischen Auberginen-Auflauf, den sie mit dieser jugoslawischen Teufelssoße angespitzt hatte.

Wilhelm Schnottke rang nach Atem. Sollte Greta ihn wirklich …? Seine Greta? Er band sich den Schlips ab. Was hieß schon „seine Greta"? Natürlich, er hatte sie schlecht behandelt. Hatte sie immer wieder bei Parties vor aller Augen gedemütigt, wenn er Witze über ihre Figur machte. Hatte ihr gesagt „Hau doch ab, aber du siehst keinen Pfennig", wenn sie von Trennung sprach. Und hatte Jens regelmäßig überredet, mit ihm in den Urlaub zu fahren und nicht mit seiner Mutter.

Schnottke schluckte. Und jetzt nahm Greta Rache an ihm. So einfach war das. Er würde hier krepieren und sie würde alles bekommen. Schon mit dem Pflichtteil hätte sie ausgesorgt. Er schwitzte jetzt heftig. Ein plötzlicher Magenkrampf ließ ihn zusammenzucken. Eine Welle von Übelkeit stieg in ihm hoch und er konnte sich gerade noch beherrschen, sonst hätte er sich auf das gute Festtagsgeschirr erbrochen. Ich sollte ihr das Zeug vor die Füße kotzen, dachte er. Er atmete tief ein und aus. Es ging wieder etwas besser. Er konnte ein wenig klarer denken.

Das war aber kein Gewinn. So muss es also enden, dachte er bitter. Von der eigenen Frau verraten und vergiftet. 40 Jahre hatte er sich abgeschuftet, um Greta das hier bieten zu können und das war der Dank dafür. Er wollte doch noch so viel unternehmen! Wollte noch einmal nach Neapel, wo sie damals mit seiner Vespa gewesen waren. Neapel sehen und sterben, dachte er bitter. Nein, er wollte nicht sterben, er hatte noch so viel vor und es war so ungerecht, so gemein. Eine weitere Welle der Wut und des Selbstmitleids stiegen ihn ihm hoch. Und dann kam die Angst. Die ihn packte und kräftig im Hals würgte ihn. Er sackte nach vorn auf den Esstisch. Sein Kopf lag auf der Seite, ein Rotweinglas zerplatzte auf den Terracotta-Fliesen.

„Aber Wilhelm, was ist denn, du weinst ja", Greta war aus der Küche ins Zimmer gehuscht. Sie hielt ein Salzfässchen in der Hand.

„Es ist nichts", presste er mühsam hervor und hob den Kopf. „Es sind nur die scharfen Zwiebeln."

„Komisch", Greta drehte sich zur Küche.
„Zwiebeln? Hatten wir heute doch gar nicht."

„Greta", schluchzte Schnottke. „Es geht mir
nicht gut. Ich sterbe. Es tut mir alles so leid." Er
stützte sein nasses Gesicht auf die Arme, die er
auf den Tisch gelegt hatte. Seine Haare zitterten gefährlich nah an der Bratensauce.

„Ach, Willi", sagte Greta. Sie trat an den
Tisch und streichelte ihm den Hinterkopf. Jedes
Jahr war es das gleiche mit ihm. Nach zwei Flaschen guten Rotweins kam der Kater. Entweder
gab es Heuligen Abend oder Weinnachten.
„Reiß dich doch ein bisschen zusammen", sagte
sie. „Es ist schließlich Weihnachten."

Sie ging wieder in die Küche. Schnottke
hörte, wie die Tür an dem Schrank beim Öffnen
quietschte, in dem Greta die Gewürze aufbe-
wahrte. Und dann hörte er es: Leise, aber deutlich, und ein Schauder lief ihm über den
Rücken. Greta sang still vor sich hin. Ihren
Lieblings-Popsong: „God's Gift to Men".

Hinweise zur geordneten Entsorgung

Wir beglückwünschen Sie zu Ihrem Durchhaltewillen! Weihnachten liegt hinter Ihnen. Und so schlecht sehen Sie doch gar nicht aus. Greifen Sie also vorsichtig hinter sich, packen Weihnachten an einem Zipfel und ziehen Sie es zu sich ins neue Jahr. Falten Sie es sorgfältig zusammen und verstauen Sie es zusammen mit der von Opa handgeschnitzten Krippe auf dem obersten Brett im Kellerschrank. Hüten Sie sich vor den Spätfolgen des Festes: Die guten Vorsätze zu Neujahr können einem das ganze Jahr versauen.

Achtung bei der Auflösung des Emotionsstaus!
Sie können wieder atmen. Und Sie denken, Sie haben 12 Monate Zeit? Schnell geht es vom

Winterschlaf in die Frühjahrsmüdigkeit, über die Sommerschlaffheit zur Herbstdepression. Und schon steht das Christkind wieder vor der Tür.

Legen Sie SOFORT eine Liste mit Geschenkideen an!
Denken Sie an alle Menschen, die in 360 Tagen möglicherweise zu beschenken sind.

Hören Sie auf mit dem Singen.
Ruhe jetzt! Bei hartnäckigem Wiederholungszwang suchen Sie eine musikalische Selbsthilfegruppe („Posaunenchor, Schulorchester, Forellenquintett") auf.

Lassen Sie den Weihnachtsbaum in Frieden ausnadeln.
Dann spenden Sie seine Leiche der Wissenschaft.

Die Weihnachtszeit ist erst einmal vorbei.
Also beginnen Sie zu fasten. Das Frühlingserwachen wird Ihnen leichter fallen.

Sie waren zufällig in der Kirche?
Mit solchen Halbheiten ist jetzt Schluss. Lesen
Sie jeden Tag eine Seite in der Bibel. Bekehren
Sie Ihren Nachbarn (gilt nicht für Muslime).
Taufen Sie Ihren Wellensittich. Oder schmoren
Sie einfach in der Hölle. Am besten mit Lor-
beerblättern und einem Schuss Rotweinsauce.

Genießen Sie die kurze feierfreie Zeit.
Ostern wartet schon hinter der nächsten Ecke.